U0455196

中华先烈人物故事汇

马立训

军事科学院解放军党史军史研究中心

学习出版社

中华先烈人物故事汇《马立训》编委会

主　任：陈传刚

副主任：陈秋波　　陈永红　　周　鑫

编　委：郭　芳　　褚　杨　　王　冬
　　　　王　雷　　黄学爵　　刘向东

主　编：陈秋波

编　著：薛艳晓　　涂学能

目 录
Contents

引　子

在灿若星河的中华先烈人物榜上，有这样一位年轻英雄：他不是炮兵，也从未使用过火炮类武器作战，无论是迫击炮还是大型火炮，但却被敌人称为"神炮"；他从参加八路军到英勇牺牲的 5 年时间里，歼灭日伪军及国民党顽军超过 500 人，令敌人闻风丧胆，到处张贴缉拿"神炮"的布告。

他就是八路军鲁南军区第 1 军分区 3 团 1 营 1 连 2 排排长马立训。25 年的短暂人生，犹如天空中划过的一颗耀眼流星，生命虽短，却光照神州大地。

马立训，1920 年出生于山东省淄川县（今淄博市淄川区）罗村镇一个贫苦的矿工家庭。母亲过早离世，年迈的爷爷与父亲一起到被称作"大荒地"的洪山煤矿当矿工。12 岁那年，爷爷丧命于日本监工的皮鞭之下，不久父亲又因井下"冒顶"事故被活埋在了矿井里。短短一年时间，马立训连续失去了两位亲人，自此没有了依靠。为了生存糊口，他只得泣血饮泪，去噬命的煤矿里做童工。

在暗无天日的煤矿井下，马立训对炸药产生了浓厚兴趣，偷师学艺，慢慢摸清了炸药的门路，成为井下爆破采矿的高手，在一定程度上缓解了采煤的劳动强度。殊不知，这原本为谋生而偷学的本领，日后成了他誓报家仇国恨的绝技。

18岁那年，马立训逃出煤矿当了兵。两年后的春天，马立训所在的国民党顽军翟超部于博山地区被八路军山东纵队的部队歼灭，他被"解放"入伍，编入八路军山东纵队第4支队3团3营12连，前往莱芜县桥店整训，结束时编入第4支队3团1营1连，成为一名思想觉悟好、军事技术高、作战机智勇敢的八路军战士。同年10月，马立训随部队到沂蒙山区作战，参加反"扫荡"战斗。他们先后攻克了水塘岗、小红山、半边寨、油篓崮、周家崮等多处险要据点。在拔除青驼寺日伪军据点的战斗中，他将公鸡浇上煤油点燃后扔进据点。"火鸡"从天而降，在据点院子里疯狂奔跑，点燃了堆积在据点工地上的油毡和木料。日伪军惊慌失措，仓皇逃离。古老的青驼寺记录了这一段英雄传奇，见证了烽火连天的抗战岁月。

1941年春，抗日战争进入战略相持阶段的极端困难时期，八路军、新四军在日伪军及国民党顽军的夹击中独立自主地坚持敌后抗战。山东纵队根据中共中央"敌进我进"的战略方针，采取伏击、袭击、阻击等战法，机动灵活地打击敌人。3月，第3团部队袭击莱芜寨里镇吴家洼村据点，马立训协助战友炸毁了据点里的炮楼，将30余名伪军埋葬在废墟里。5月，驻沂水日伪军700余人前往沂南县朱家庄"征粮"，马立训随部队前往截击，消灭日伪军100余人，战后被提升为班长。7月，为打破日寇的"囚笼"封锁，第3团部队主动出击，攻打泰安岳家庄日伪军据点。他用自制的炸药包连续3次炸开鹿寨（用树木设置的形似鹿角的障碍物）、围墙和碉堡，为部队扫清了前进障碍，守敌悉数被歼。

1942 年春，马立训所在部队到鲁南地区开辟、巩固新的抗日根据地。此后在与日伪军和国民党顽军的多次战斗中，他总是手提炸药包一马当先，将一个个喷吐着火焰的碉堡、挡路的鹿寨炸成了一片片废墟。国民党苏鲁战区游击独立第 27 支队司令王洪九惶恐不安，命令各地据点加固工事，并到处张贴缉拿"神炮"马立训的布告。8 月，在泗水城战斗中，马立训又连续炸毁日伪军 4 座碉堡，炸死日伪军 60 余人。

　　1943 年 11 月，八路军鲁南军区部队攻打鲁南柱子村，这是伪军和平救国军第 10 军 3 师师长刘桂棠的老窝。刘桂棠外号刘黑七，其主力部队在这里苦心经营多年，村子四周筑有两道 1 丈多高、3 尺多厚的围墙，还建有坚固的炮楼，自称"铜帮铁底"，固若金汤。专啃"硬骨头"的马立训上场了，他以军帽作诱饵，吸引守敌注意后迂回接近据点进行爆破，伴着一声声巨响，先后将柱子村的围墙、炮楼"送上了天"。此战，八路军歼敌1100 余人，缴获武器弹药甚多，刘黑七也被击毙。

　　1944 年 5 月，马立训光荣加入中国共产党，被提升为鲁南军区第1军分区3团1营1连2排排长，更加斗志昂扬地活跃在抗击日伪顽军的敌后战场上。在攻打平邑庞庄日伪军据点的战斗中，马立训创新"快送快炸""以爆破掩护爆破"战法，一路破障清碍，硬是把日伪军吹嘘的"铁打的庞庄"炸成一地"豆腐渣"。鲁南天井汪之战，部队受阻，一座10米高的4层砖石结构碉堡拦住了部队前进的道路。马立训英勇出击，机智地将一包包炸药送进碉堡，让日伪军又一次坐上了"土飞机"。因战功卓著，马立训受到时任八路军山东军区政治部主任萧华的接见，萧华称赞他是"山东爆破大王"。8月初，他出席八路军山东军区第一次战斗英雄代表大会，被评为"甲等战斗英雄"。

1945年，持续了14年的中国抗日战争进入最后胜利阶段，鲁南日伪顽军仍在利用据点作最后的垂死挣扎。马立训运用独创的"空爆""偷爆""飞爆""连环爆"等战术，让无数个日伪顽军据点化成残垣断壁。2月，在解放泗水城的战斗中，马立训抱着30公斤重的炸药包，炸毁守敌专为对付"神炮"而修筑的坚固大碉堡，为大部队攻城扫清了障碍。3月，在攻打沙沟崖据点战斗中，国民党顽军把炮楼修筑在斜坡上，难以实施爆破。马立训奉命紧急赶到，运用"空爆法"，一举炸毁兄弟部队两天没能攻克的炮楼，夺取了沙沟崖战斗的胜利。8月3日，部队奉命攻打滕县阎村伪军据点。阎村驻有3300余名伪军，还修建了大量坚固的防御工事。8月5日深夜，马立训对阎村东南炮楼展开爆破作业，爆破成功后率领第2排冲进工事豁口时，遭到伪军残兵的抵抗，不幸胸部中弹，倒在了抗日战争胜利的前夜，年仅25岁。

01 初战即是成名作

煤矿当童工

1920 年，马立训出生于山东省淄川县（今淄博市淄川区）罗村镇一个贫苦的矿工家庭。马立训从小失去母亲，苦于生计，年迈的爷爷不得不与马立训的父亲一道去镇附近的洪山煤矿当矿工。全家 3 口人，靠微薄的收入维持生活，饥一顿饱一顿，日子过得十分清苦。

马立训的家乡罗村镇，位于山东省淄博市的中部，熟悉的人并不多。但要是提起《聊斋志异》作者蒲松龄、隋唐"第七条好汉"罗成，恐怕就无人不知无人不晓了。他们都出自罗村镇，是罗村镇人的骄傲。罗村镇还有军事家鬼谷子传经布道的鬼谷洞，更是充满传奇神秘的色彩。孙膑、庞涓曾在此苦读研修，张仪、苏秦在这里名扬天下。

罗村镇不仅历史悠久，人杰地灵，还盛产煤炭。以罗村镇为中心的淄博煤矿，是我国古代煤炭生产的发祥地之一，始于唐代，兴盛于明清。鸦片战争后，西方列强竞相把贪婪的目光投向淄博。德国人捷足先登，威逼利诱清政府签订了《胶澳租界条约》，从而攫取了胶济铁路修筑权以及沿胶济铁路15公里以内的矿业开采权。罗村镇西南四五里路的地方就是被当地人称为"大荒地"的洪山煤矿，是当时山东省最大的煤矿，现在是淄博矿务局（今山东能源淄矿集团）所在地。中共一大代表王尽美、邓恩铭都曾在洪山煤矿从事过革命活动。

"靠山吃山，靠水吃水"是千百年来中国人的生存之道。得地利之便，马立训的爷爷和父亲相继来到德国人开的洪山煤矿，当起了井下采煤的矿工，过着提心吊胆、半饥半饱的生活。

第一次世界大战结束后，日本人夺得了德国在山东的矿业开采权。比起德国人，日本人的残暴和贪婪更是有过之而无不及，不仅疯狂掠夺淄博的矿产资源，而且对煤矿工人的奴役更加惨无人道。

尽管洪山煤矿有着当时山东煤矿最好的开采设备，但井下的生产方式仍然极其落后，缺乏必要的安全设施。矿工每天要在高温高湿、空气污浊的井下蜷着身子劳动，搬运工人匍匐在狭窄的煤道拖着百十斤重的煤筐前行。矿工们不仅干着繁重的活，还要遭受日本人和包工头的层层盘剥，过着饥寒交迫的生活。

马立训的爷爷就是在这样恶劣的环境里，挣几个工钱养家糊口，1932年夏天，因帮工友说了几句公道话，就活活丧命于日本监工的皮鞭之下。没过多久，马立训的父亲在井下碰上了"冒顶"事故，被活埋在了深深的矿井里。

这一年，马立训刚满12岁。

仅仅一年时间，马立训就失去了两位亲人，成了孤苦伶仃的孤儿。家徒四壁，他欲哭无泪。好在爷爷及父亲生前的人缘不错，工友们纷纷出面，帮他办完了丧事，见他举目无亲，没有了生活的依靠，便介绍他到洪山煤矿当了一名童工。

当时的洪山煤矿，有不少马立训这样的儿童矿工，年龄大都在 11 岁至 14 岁。尽管他们的身体还未发育成熟，但无例外地同成年劳工一样，天天到井下采煤、拉煤筐，一干就是一个大班，24 小时不休息。每个大班的矿工仅发两个发霉的橡面窝头或几张煎饼填肚子，一个个被折磨得骨瘦如柴。

小小年纪的马立训心里充满了仇恨，整天寡言少语，心事重重。好心的工友提醒他，仇要报，但当务之急是要活下去，活下去才有报仇的机会。由于没有亲人庇护，他变得谨小慎微，一有空儿就观察琢磨，对爆破采矿用的炸药产生了浓厚兴趣。别看他一天书没念过，更没有学过化学，但对炸药似乎有着与生俱来的天分，就像小孩玩玩具一样，没有人教也玩得游刃有余。怎么造土炸药、用药量多少、炸点选哪儿、如何排除哑炮等，他无师自通，学得很快。不过，他也常常弄得灰头土脸，在几次排除哑炮时还差点丢了小命。

随着年龄的增长，马立训越来越觉得不能再

在煤矿干下去了。炸药不长眼睛，保不准哪天出现意外。日本监工凶神恶煞，蛮横无理，稍不顺眼就皮鞭加身，打死人的事时有发生。他想，要是马家祖孙三代都毁在日本人手里，那真是比窦娥还冤。再说，长期在煤矿待下去，爷爷的仇、父亲的恨怎么报？马立训开始寻思离开煤矿，出去寻找出路，再回来报仇。

马立训的一举一动，热心肠的矿工郝大伯都看在眼里，也急在心上。马立训每次下矿井，他都捏把汗，不忍心马家的独苗再出什么事，便在暗中提供帮助。1938 年春节，马立训利用过大年歇工的机会，在郝大伯的协助下，顺利逃离了暗无天日的煤矿，结束了 6 年的矿工生活。

此时，淄川抗日游击队队长翟超带领 40 多名游击队员刚刚伏击了日军由博山顺铁路开往张店的摇车，击毙日军 10 余人，缴获十几条枪，声名远播。撤到磁村休整时，附近群众纷纷前来要求加入游击队，其中就包括正在四处寻找出路的马立训。就这样，马立训到翟部当了一名普通士兵，算是暂时解决了生存问题。

翟超原名翟丕超，淄川昆仑镇泂村人。他从博山县颜山中学毕业后，回到本镇昆山小学当教师，不久考入山东省区长训练班，结业时被任命为章丘县第4区（今济南市章丘区高官寨街道）区长，后调任淄川县第4区（今淄博市淄川区昆仑镇）区长，在淄川是个响当当的人物。他率领的游击队一度发展到2000余人，在淄西磁村、淄东田庄、坡地等地伏击日本鬼子。

然而，好景不长。

1938年3月，翟部被国民党军收编，委任翟超为山东省第12专区保安第10旅旅长，兼淄（川）博（山）章（丘）总指挥、第12区特派员。自此，翟超死心塌地为国民党卖命，不断与抗日军民挑起摩擦，甚至恩将仇报，扣押、追杀前去翟部慰问的八路军官兵，捕杀扩军筹粮的八路军战士，进攻淄川县抗日民主政府，彻底堕落为一股反动顽固势力。

翟部的存在严重威胁着八路军在淄博地区的抗战大局。1940年3月底，山东纵队第4支队3营11连在营长王凤麟、连指导员刘春带领下，从莱芜铁车村出发，经过三天四夜长途行军，于4月4日成功奇袭翟超长期盘踞的巢穴——淄川洪山镇小田庄村，翟超本人毙命于乱军之中。

翟部大部被歼，还有一部分被八路军俘虏，马立训就在其中。在集中登记俘虏时，他主动要求参加八路军，被临时编入山东纵队第4支队3营12连。几天后，他从博山太河镇前往莱芜桥店，参加第4支队组织的新入伍战士整训。通过学习和教育，他心里亮堂多了：报仇打日本侵略者，个人的力量是单薄的，只有参加共产党领导的八路军，才能实现这个愿望，才能把残暴的日本侵略者赶出中国。整训结束，适逢山东纵队部队整编，他被编入第4支队3团1营1连。

从此，马立训从黑暗走向光明，开始了新生。

跟着营长学爆破

马立训参加八路军后，把部队当成了自己的

家，心情舒畅，一改往日愁苦的面容，觉得浑身有使不完的劲。在较短的时间里，他无论是射击、刺杀、投弹等军事技能，还是政治觉悟、思想认识等都有了很大的提高。团领导见他尽管文化程度不高，但头脑活络，又爱学习，有一股子钻劲儿，懂得大多数战士不懂的爆破技术，便派他到工兵分队补习文化，进修爆破专业技术，这为他日后熟练运用爆破攻坚技术打下了坚实的基础。

第4支队3团3营是山东纵队的抗日模范营，营长王凤麟是八路军最早使用炸药进行爆破攻坚的指挥员之一，大名鼎鼎。

那时，八路军在敌后开展游击战，缺乏火炮之类的重武器。面对砖石结构甚至是混凝土构成的碉堡、炮楼，常常是一筹莫展，造成抗日官兵较大伤亡，是一块难啃的"硬骨头"。

众多抗日勇士倒在敌人罪恶的碉堡、炮楼前，王凤麟亲眼所见，心如刀绞。他发挥自己的专业特长，与几名当过矿工的战士时常围在一起，琢磨如何运用炸药摧毁敌人的碉堡。功夫不负有心人。在经历多次失败之后，终于摸索出了一整套从单人爆破、双人爆破到连环爆破的技术和战术。在重武器和弹药不足的情况下，爆破攻坚，大显神威，创造了军民交口称赞的光辉战例。

其实，王凤麟不是他的真实姓名，他原名李芳，出生于吉林省宁安府（今黑龙江省宁安市）。九一八事变后，几十万东北军不战而退，东北三省仅4个多月就沦陷在日本帝国主义的铁蹄之下。20岁的王凤麟不愿做亡国奴，参加了中国共产党领导的东北抗日义勇军，奋起抗击日本侵略者，曾担任第4军直属特务连连长。1935年，他受党组织派遣赴莫斯科东方大学深造，参加工兵爆破训练班，系统学习了爆破理论和实际操作技能。

七七事变后，王凤麟回国，到延安抗日军政大学当教员。他不安于后方的教员岗位，多次要求到抗日前线的作战部队去。1938年8月，原中共山东省委书记黎玉前往延安，向中共中央汇报山东开展敌后游击战的情况，提出希望中央给山东派一些军事干部，以加强山东敌后抗日的领导力量。时任中共中央军事委员会主席的毛泽东答应了。黎玉返回山东的时候，带了一支160多人的干部队伍（临时命名为八路军鲁东游击纵队指挥部），王凤麟就在其中，领队是后来成立的八路军山东纵队指挥张经武。

此时的王凤麟已是八路军名副其实的爆破专家。为了最大限度地发挥他的专业特长，山东纵队专门办起了爆破技术骨干培训班，每期20余人，由王凤麟教授爆破攻坚的技术。

培训班教学条件非常简陋，不要说跟莫斯科东方大学比，就是延安抗日军政大学也比这强多了。一间空荡荡的教室，一块TNT炸药，一根几尺长的导火索，仅此而已。说是教授爆破技术，其实连一次真正的爆破实验都做不起。那个时候，根据地条件极其有限，日伪军封锁，炸药又在"违禁"之列，八路军的武器弹药补充十分困难。

但是，王凤麟没有畏缩。他一边教授学员理论知识，一边鼓励学员动手自制炸药，制作石雷，学捆炸药包。日本侵略者开始大规模"扫荡"后，办了2期的培训班被迫停办。随后，他出任第4支队3营营长。

也就在这个时候，刚参加八路军的马立训与

王凤麟相识了，两人成为志趣相投的师父与徒弟。王凤麟得知马立训矿工出身，与炸药打过几年交道，有矿井爆破的基础，又聪明好学，便对他进行重点培养，从理论到实战，从制造炸药到爆破攻坚技术，毫无保留地倾囊相授。

马立训很珍惜这个难得的学习机会，拜师学艺，勤奋刻苦，善于动脑，爆破技术在先前自学的基础上又有了长足的进步。同时，在王凤麟的悉心指导下，他确立了革命理想。"我要跟着王营长打鬼子，把日本侵略者赶出中国。"

在王凤麟营长的悉心指导下，马立训不仅很快就掌握了各种环境下不同形式据点的爆破攻坚技术，还很注意总结经验教训，发明了不少新奇的"武器"。

马立训用旧军毯做过一种炸药包。这种炸药包外形比较扁，可以卷在木棍上，用手榴弹的引线做导火索，以达到引爆的目的。这种武器看上去其貌不扬，但用起来非常有效，只要放到敌人的碉堡下方，就可以让坚固的工事顷刻间瘫痪。

前有 6 年矿工矿井爆破的技术实践，后有名

师王凤麟几个月的传帮带，马立训的爆破技术突飞猛进，日趋成熟，越来越过硬了。

这年10月，山东纵队奉命由泰山地区调往沂蒙山区，充实敌后抗日武装力量，发展、巩固鲁中抗日根据地。

沂蒙山是一个人文地理概念，指的是以沂山、蒙山为地域标志的革命老区——沂蒙山区，因沂山、蒙山、沂河而得名。

当年，这里是名副其实的穷乡僻壤，群山连绵，沟壑纵横，交通不便。八路军一进入沂蒙山区，穷苦百姓就从部队的言谈举止中感到这是一支真正抗日的队伍，从而自觉地接受了共产党的主张，并且坚定地跟着共产党走。

有穷苦百姓倾力支持，八路军如鱼得水。沂蒙山很快就成了山东纵队的抗日根据地，腹地临沂也成了山东抗日根据地的首府、中共党政军机关所在地，有"华东小延安"之称，赢得了"两战圣地，红色沂蒙"的美誉。

作为山东抗日根据地的"心脏"，沂蒙山区也是日伪军"扫荡"的重点，每次"扫荡"之后，都要在根据地边缘地带设据点、建碉堡，妄图分割、蚕食和封锁八路军抗日根据地。山东纵队进入沂蒙山区之后，就参加了根据地"扫荡"与反"扫荡"、"蚕食"与反"蚕食"的斗争，拔除对根据地危害极大的日伪军据点，而这些据点大部分修建在山脊、关隘上，地势险峻，易守难攻。

为了及时拔除这些据点，减少部队伤亡，团营领导挑选素质过硬、机智勇敢的战士组成精干的拔点突击小分队，借助暗夜、浓雾等时间、天气条件作掩护，出其不意地炸毁据点，消灭据点里的敌人。

马立训第一个报名参加了拔点突击小分队，也是拔点突击小分队的"保留队员"。他入选的理由很充分——机枪射击的能手，爆破攻坚的高手，使用炸药的行家里手，会上自然是全票通过。在此后的一段时间里，他与战友们先后拔除了日伪军盘踞的水塘岗、小红山、半边寨、油篓崮、周家崮等地势险要的据点，小试锋芒，在实战中积累了宝贵经验，有不少精彩的战例。

火鸡炸据点

马立训参加八路军的当年就参加了多次拔点战斗，其中拔除青驼寺日伪军据点战斗最具有戏剧性，让他一战成名。

青驼寺在鲁南沂南县青驼镇境内，因镇人民政府驻地旧址上的一对形似骆驼、长有翅膀的汉代青色石雕而得名。

严格意义上讲，青驼寺并非一座寺庙，而是一座古城重镇，是春秋时期"仲丘古城"的所在地。残存的古城墙，发掘的铜镜、铜枪头似乎告诉我们这里曾经的繁华与争战。

沂蒙山南北走向的两条山脉，绵延起伏，蜿蜒数百里，拼成"八"字形状。"八"字头夹着蒙阴城，而扼守喇叭口的就是青驼寺，是南北交通的重要驿站。

蒙河水沿着蒙山西麓奔流南下，至此向东，

注入沂河。一条奔腾的河恰如一条粗壮的手臂，把青驼寺紧紧地揽在怀里，默默呵护着它。这里寺庙众多，兴隆寺、上虞寺、龙王庙曾经香火兴旺，可见当年车马川流，客商云集。

从地缘战略来讲，控制青驼寺这个地方，既能拱卫省会济南及山东广大地区，又能南下直逼两淮乃至长江。可见，对于整个山东，青驼寺的重要性不言而喻。

特殊的地理位置，决定着青驼寺这个地方自古就是兵家必争之地。当地史志记载，自春秋时期以来的2000多年，青驼寺一直战火不断。20世纪30年代后期，日本侵略者盯上了鲁南，并把邪恶的战火烧到了青驼寺这个地方。

1937年7月7日，日军制造了震惊中外的七七事变，由此发动了全面侵华战争。8月下旬，日军分3路展开进攻，其中一路沿津浦路南犯山东。随后，国民党山东省政府主席、第5战区副司令长官兼第3集团军总司令韩复榘为保存实力，虚与日军周旋，不战而退，带着10万大军一路南逃，致使山东大部相继沦陷。

1938年1月14日，日军由泗水东犯平邑镇，该镇民众在八埠庄伏击日军，迫使日军撤回泗水，打响了沂蒙人民抗日斗争的第一枪。4月21日，临沂城失陷，日军血洗临沂城，残暴杀害临沂百姓3000余人，并纵火焚城，犯下滔天罪行。

山东人民纷纷揭竿而起，在日军大举入侵、立足未稳之际，发动了多次抗日武装起义。从胶东半岛到鲁西平原、从冀鲁边区到苏鲁豫皖边区，在短短半年多的时间里大大小小数十起，遍及齐鲁大地。这些由中国共产党领导的山东人民抗日武装力量，从无到有、由小到大、由弱渐强，到1938年已发展到数万之众，为八路军山东纵队的创建积蓄了必要的武装力量。

1938年12月，以中共党员为骨干、以山东各地人民抗日起义武装为基础的"八路军山东纵队"正式组建，张经武任指挥，黎玉任政治委员，下辖若干支队，很快就在山东开辟了敌后抗日根据地和广大抗日游击区。

1939年春，八路军第115师部队相继挺进山东，与山东纵队一起，陆续建立起了冀鲁边区、鲁西、胶东、鲁南等抗日根据地，先后在莱芜东北之苗山和蒙阴以西之旋风峪等地重创日伪军。日伪军随之增加兵力，向沂蒙山区腹地实施压缩包围。

进入 1940 年，日伪军更加疯狂地与八路军争夺沂蒙山区，他们在"分进合击"的同时进行"铁壁合围"，在公路、铁路等交通线和村镇等地，修建了一个又一个碉堡、炮楼。同时，进行大规模的疯狂"扫荡"，实行"三光"（烧光、杀光、抢光）政策，穷凶极恶，企图饿死、困死根据地的抗日军民。一场"扫荡"与反"扫荡"、"封锁"与反"封锁"的斗争由此拉开了序幕。

地处战略要地的青驼寺据点是日伪军最早揳入沂蒙抗日根据地的一批据点，自然也成为八路军最先拔除的日伪军据点之一。

1940 年 10 月上旬，山东纵队接到情报，日伪军计划在青驼寺修建据点炮楼，以控制抗日根据地临沂、沂水两县边区地带。黎玉和山东纵队参谋处长罗舜初决定主动出击，命令第 4 支队摧毁或阻止日伪军修建这个据点，决不能让日伪军的企图得逞。

10月17日夜，第4支队1营指战员悄无声息地进至青驼寺附近，等待战斗时机的到来。他们今天的任务是围困日伪军据点，消灭据点里及前来增援的日伪军。

1营在这天下午抵达进攻阵地。

派出去的侦察员回来说，日伪军据点的外墙已经建好，炮楼也打好了地基，院子里堆满了油毡和木料。侦察员还报告，据点驻防的日军是1个中队，120多人，还有60多名伪军，数量并不比八路军少。据点内有一门步兵炮、一挺重机枪，还有数挺轻机枪，火力不弱。

面对据点的敌情，1营领导犯难了：继续打，八路军武器装备较差明显没有优势，因为攻坚战不是自己的强项，也不符合此次战斗的意图；撤出战斗，眼看据点马上就要成"气候"，留下它后患无穷。

临近黄昏，攻击还没有开始。

山东纵队政治委员黎玉、参谋处长罗舜初等领导在青驼寺北山指挥所里坐镇指挥。面对侦察员带回的新情报，几位领导开了个战地碰头会，一起分析拔点行动的得与失，决定依旧按照原计划拿下这个据点，否则将对沂蒙抗日根据地构成严重威胁。要想变被动为主动，摧毁据点是最有效的办法。

1营从据点北面山地向青驼寺方向出发没多远，就被日伪军发现了。瞬间，重机枪和步兵炮向他们暴雨般倾泻而来，部队一时难以靠近。

突袭的方案过早暴露了。敌变我变，双方就地利用地形开打，战斗到傍晚也没能分出胜负，形成僵持态势。

日落西山时，日伪军不打了，龟缩进了据点，由高墙保护着。山东纵队指挥所要求部队连续作战，趁着夜色，一举拿下据点。

当时，1营缺少火炮等重型攻击武器，要拿下高墙内的据点，逼日伪军就范，只有用"火攻"这一招了。

可是，用什么样的方式进行火攻呢？

大家都在冥思苦想。马立训看见不远处觅食的公鸡，立刻有了主意。他提议在公鸡的尾巴上绑上浸了油的易燃物，点燃后扔进据点，公鸡受惊吓必然四处扑腾乱飞，势必会引燃据点里的物资、燃料和军火等易燃物。日伪军逃出据点避险时，八路军便可以趁机消灭敌人。

这个提议得到全体通过。

定下火攻计策时，正巧司务长送来了晚饭，让大家吃饱了再打。可求战心切的马立训，没心思安安稳稳地吃饭。他提起几只准备好的公鸡，还有布条、煤油等物品，就想孤身去打据点。班长赶紧把他拉了回来，好说歹说，总算让马立训把晚饭吃完了。

夜幕渐渐降临。

1营兵分两路，营长秦子美带领突击队从据点西边主攻据点，政治教导员余琳带一个排从青驼寺进村助攻，声东击西，两边夹击。

子夜时分，秦子美带领突击队来到了据点外围。外围没有树木，日伪军弄不到树枝作鹿寨，便用高粱秸作鹿寨。突击队员走在高粱秸上"咔嚓"作响，被站岗的伪军发现了，大声问道："干什么的？"一突击队员脱口而出："耕田的。"

还没等突击队员说完，城墙上便射下来一梭子子弹。这时，突击队员才明白刚才失言了，哪有半夜出来耕田的呢？

双方随即交火，打响了据点攻防战。

马立训信心满满，手提公鸡和煤油桶，在战友们的掩护下快速冲到了据点外围。在隐蔽处把已绑在公鸡尾巴上的布条浇上煤油，引燃公鸡，然后使出全身的力气，把公鸡扔到了据点院子里。

在很短的时间里，马立训就把四五只"火鸡"扔进了据点。这些"火鸡"从天而降，受惊后在院子里四处乱窜，点燃了堆积在炮楼工地上的油毡和木料。一时间火光四起，照亮了漆黑的夜空。

由于是第一次使用"公鸡燃烧弹"，油量、火候、时间等没有掌握好，最终没有达到"火烧连营"的预期效果。不过，一番折腾下来，惊醒了据点里的日伪军，重机枪突突地响了起来。

1营指战员经过白天一战，所带弹药所剩无几。为了避免更大的伤亡，也避免把突袭战打成消耗战，便主动撤了下来，退回驻地。由于没有达到预期目标，马立训耷拉着脑袋，心里堵得慌，辗转反侧无法入眠。

然而，事情居然有意外的惊喜。

天刚亮，侦察员来报告，据点里的日伪军撤了。

原来，马立训的"公鸡燃烧弹"虽然没能引发大火灾，烧毁据点里的营房，但一夜惊魂也把日伪军折腾得胆战心惊，无异于在他们心里放了颗"燃烧弹"。天还没有大亮，他们就如同惊弓之鸟仓皇逃回了临沂，把据点丢给了八路军。

机不可失。山东纵队立即组织部队和附近的群众拆毁了据点的全部围墙，平掉了炮楼地基和营房，烧掉了剩下的原材料，粉碎了日伪军修建据点的计划，沂蒙抗日根据地又恢复了往日的宁静。

火攻青驼寺据点是马立训参加八路军后的"成名作"。尽管技术还有些稚嫩，但并不影响他在日后历次战斗中取得巨大成功。

在此后开辟、巩固沂蒙山抗日根据地的一次次战斗中，马立训总是舍生忘死，冲锋在前，用他熟练的爆破攻坚本领，配合主攻部队摧城拔寨，赢得了根据地军民的交口称赞。

02 从矿工到爆破手

团长的得力干将

马立训很幸运，继遇到一位好营长之后又遇到了一位好团长。

如果说，马立训的爆破技术师从营长王凤麟，名师出高徒，那么，团长王吉文则为他提供了人尽其才的广阔舞台，让他在敌后抗日战场上大显身手。

王吉文是湖北黄安人，老红军，是徐向前从大别山带出来的。1930年，14岁的王吉文告别了母亲，参加了徐向前指挥的红军部队，从此走上革命道路。

参军后，王吉文做过警卫员、通信员、宣传

员、连指导员、副营长、营长，一步步走到主力团团长的岗位上。三过草地，磨炼出了他钢铁般的意志。10余年枪林弹雨，脸上、腿上伤痕累累，但这丝毫无损他威武的革命军人形象。他身材魁梧，步履矫健，两腿的绑带总是打得紧绷。他大腿的骨头里还残留着一粒子弹，每逢下雨阴天就疼得他坐卧不安，难以入眠，可打起仗来他会把疼痛忘得一干二净。

王吉文秉承了徐向前在红四方面军中强调的好作风、好传统，能打恶仗，善于用兵，又爱兵如子。早晨出操时，他总是扛着机枪带头跑步，能一口气跑半个小时。训练时，他亲自作机枪射击和手榴弹投掷的示范，赢得了全团官兵的尊敬，是全团指战员心中的偶像。

王吉文担任3团团长，前后5年时间，与他搭档的政治委员换了5任，但"团座"纹丝不动，直至1946年离任。1948年9月，时任华东野战军第3纵队8师师长的王吉文在指挥突击部队进攻济南商埠时，不幸中弹，壮烈牺牲。

此时的3团政治委员张玉华，同王吉文一样

赫赫有名。他是土生土长山东人，是威震胶东的天福山抗日武装起义的领导人之一。担任3团政治委员时，和王吉文一样，25岁，血气方刚，两人可谓珠联璧合。抗战胜利后，张玉华去了黑土地，在著名的"旋风部队"（东北野战军第3纵队）任职。新中国成立后，曾任武汉及南京军区副政治委员，还曾兼任中共湖北省委书记。

马立训在这样一个英雄辈出的集体里，耳濡目染，茁壮成长，从一名孤儿矿工一步步成长为一名八路军优秀爆破手，他为遇到王吉文这样的团长感到荣幸，王吉文也为得到王凤麟的高徒马立训而感到高兴。

爆破是步兵的五大技术之一，在中国古代战争中就出现了。这种用火药爆破工事的战术，当时叫"放进"，在作战中屡见不鲜。后来，火药不断改进，广泛运用于社会生活与生产，在近代战争中更是大显身手。

王吉文是个善于接受新事物的指挥员，见王凤麟利用炸药爆破攻城拔寨，干掉了日伪军一个个据点碉堡，便对炸药爆破产生了浓厚兴趣。只是当时炸药很难弄到，即使有了炸药也不知道如何使用。现在，有王凤麟送来的爆破骨干，有马立训这样的爆破高手，王吉文就信心满满地干了起来。

泗水县杨庄村是日伪军的一个据点，据点内有日伪军近百人，四面筑有三四米高的厚实围墙，配载强大火力，易守难攻。山东纵队曾先后两次攻打这个据点，都没能得手。为此，据点里的日伪军甚是嚣张得意地说："任凭八路军来攻打，杨庄据点就是打不动。"

这话传开后，3团指战员特别不服气。马立训更是气得咬牙切齿，气鼓鼓地说："别看你现在叫得欢，很快就让你脸朝天。"

机会说来就来。

这天，马立训等爆破骨干跟着王吉文和几名干部，利用夜色掩护，悄悄抵近据点，进行实地侦察，为拔点战斗做准备。在战前诸葛亮会上，他建议在据点南面实施突击爆破，采用"连续爆破法"，接续作业，炸塌围墙。

马立训的建议被团首长采纳。

3天后，拔点战斗打响。3团部队刚接近据点，就被据点里的日伪军发现了，迎面疯狂射击。子弹打到阵地石头上，火星四溅，几名战士壮烈牺牲。

战斗陡然升温。

作为第一爆破手，马立训没有丝毫犹豫，腋下夹起炸药包，勇敢冲了上去，在南面围墙上炸开一个大洞。

紧接着，第二爆破手疾步上前，往洞里塞上一个大炸药包。只听一声巨响，浓烟弥漫，围墙倒下一段，攻击部队立马勇猛地冲进了据点。

据点的日伪军顿时惊慌失措，原以为八路军这次仍然会跟前两次一样无功而返，没想到此次他们会在劫难逃，插翅难飞。

据点里的日伪军死的死、伤的伤，还有几十人当了俘虏，3团部队缴获了大批粮食和物资。

战后，王吉文总结说："这一仗打得好，马立训立了头功。他爆破点选得好，连续爆破战术用得好。"

第一次爆破拔点成功了，第二次拔点战斗就

更顺手了。再高、再坚固的炮楼也经不住几十斤重的炸药包，再难炸的据点更难不住马立训这样的爆破能手。炮楼被炸塌了，敌人不是被炸死就是被碎石烂瓦压死了。

爆破的威力如此巨大，3团指战员们士气大振，攻打日伪军炮楼的信心倍增。

成功拔除杨庄据点，让团长王吉文、政治委员张玉华看到了炸药攻坚破障的威力，更加支持马立训钻研爆破攻坚技术。同时，王吉文还把爆破攻坚技术作为部队的一项重要训练内容，培养骨干，组织攻关，总结提高，技术越来越成熟，战法也越来越巧妙，打了许多漂亮的攻坚战。

马立训这样的爆破高手成了王吉文的得力干将，重要作战行动都会把他们带在身边，打起仗来底气十足，成为攻坚破隘的撒手锏。

担任机枪班长

这时，全国抗战进入第四个年头。

侵华日军集中兵力对共产党领导下的抗日根据地发动了规模空前的大"扫荡"，实行军事、政治、经济、思想和文化相配合的"总力战"，为其发动太平洋战争做准备。

与此同时，日军对国民党政府继续采取诱降政策，诱使国民党军队投敌，以致国民党"降军如潮、降将如毛"，仅山东伪军就增加了 16 万人。其中，四分之一聚集在鲁中地区，有的区平均七八里路就有 1 个日伪军据点。

在日伪军及国民党顽军的夹攻和封锁下，山东敌后抗日根据地受到严重破坏，各个抗日战场自此进入战略相持阶段的极端困难时期。根据中共中央"敌进我进"的战略方针，抗日根据地军民采取伏击、袭击、阻击等战法，用广泛的游击战争消耗、疲惫、削弱敌人，灵活出击，打击敌人，争取反"扫荡"、反"蚕食"、反"封锁"的胜利。

1941 年的阳春三月，天气渐暖，日伪军就蠢蠢欲动，进犯临（沂）费（县）边区抗日根据地，并在临沂以北、费县以东地区增设了 17 个据点，构筑了箕山至林子、玉皇庙至汤头、俄庄至白塔 3 道封锁线，企图封锁蒙山、沂河，切断我鲁中、鲁南及滨海区之间的联系，以实现其打通临（沂）蒙（阴）、台（儿庄）潍（县）及沂水至临沂的公路，分割抗日根据地的计划。

为粉碎日伪顽军的封锁计划，拔除其揳入抗日根据地的日伪顽军据点，1941 年 3 月 16 日，山东纵队发动了临费边反"封锁"战役。经过大小 28 次战斗，摧毁了日伪顽军在临费边的 3 道封锁线，攻克了半程、东哨、俄庄、白塔、汪闪、林子、茶山等日伪军据点。

在这些拔点战斗中，马立训始终是 3 团突击队里的骨干队员，总是腋下夹着炸药包，冲在最前面，把个人安危置之度外。

攻打汪闪日伪军据点时，乌云密布，大雨倾盆。天刚大亮，马立训就与突击队员们一起，冒雨打响了拔点战斗。他们披着风、裹着雨、踩着泥，一往无前，从汪闪西南角搭架云梯突入庄内，犹如天兵天将，打了守敌一个措手不及，之后与守敌展开激烈巷战。突击队员们全身湿透，汗水与雨水交织在一起，人人英勇战斗，个个争先杀敌。战至上午 10 时，全歼据点守敌一个中队，还缴获了 1 挺捷克式轻机枪。

战后，团领导将这挺轻机枪配给了马立训所在班。自此，马立训除爆破外又迷上了机枪射击，缠着连里的机枪手传授射击技术，没日没夜地操练琢磨，很快就掌握了射击要领，射击又快又准，成了班里的"候补"机枪手。

1941 年 5 月中旬的一天，驻沂水日伪军 700 余人前往沂南朱家庄"征粮"，实际上就是到百姓家里去抢夺粮食。

那年月，战火四起，天灾人祸，粮食收成锐减，老百姓自己的口粮都成问题，哪有余粮给日伪军"征"呢？就是有余粮，也不能给日伪军这帮杀人不眨眼的强盗。

为了保卫百姓的粮食安全，截击日伪军"征粮队"便成为3团的一项重要任务。

朱家庄位于沂南县城东北14公里处，苏村西河西岸，属于西河冲积地带，地势平坦，水源丰富，土地肥沃，耕种面积超过50%，是当地有名的"粮仓"。每逢小麦、玉米、水稻等农作物成熟之际，日伪军就会全副武装，开上卡车，杀气腾腾地上门"征粮"。

截击日伪军"征粮队"的战斗打响后，3团1营1连机枪手刘树铭不幸中弹牺牲，正在吼叫着的机枪停了下来。马立训见状，立马冲了上去，接过机枪猛烈扫射，把日伪军的火力压了下去，掩护部队冲进了朱家庄。

3团部队在与日伪军展开巷战时，马立训机智地把机枪架在墙头上，居高临下，打得日伪军抱头鼠窜。

这次战斗，毙伤"征粮"的日伪军100余人，灭了日伪军的嚣张气焰，保护了人民群众的利益，鼓舞了抗日根据地军民的革命斗志。

战后，马立训被任命为机枪班班长，很快又迎来了战斗机会。

这天夜里，团长王吉文带着40余名战士，急匆匆地行进在滋（阳）临（沂）公路（今327国道）上。这40余名战士都是3团的战斗骨干，有机枪射手，有爆破高手，还有手榴弹投掷能手。既是机枪射手又是爆破高手的马立训，自然被团领导选中。他们此行的目的是消灭从平邑县炮楼派出来监修临滋公路封锁沟（墙）的日军，端掉修在封锁沟旁边的3座炮楼。

快到目的地时，他们兵分两路，40余名战士分头执行任务，马立训留在了王吉文带领的一路队伍中。

借着夜色，他们悄悄摸到一座炮楼下。刚好一个伪军出来方便，没想到碰上了八路军。王吉文低声一吼，伪军就吓瘫了，他告诉王吉文自己是个班长，是这个炮楼的"最高领导"。王吉文一听乐了："那你这个炮楼，我们就先不炸了，带我们上去'参观'一下吧。"

八路军的炸药十分金贵。能不爆破就不爆破，不用爆破也能拿下据点炮楼，岂不更好？

见王吉文要"参观"炮楼，伪军班长顿时吓黄了脸，口吃道："那……那，怎么能行？"

王吉文低头靠近他的耳朵说："不行也得行，走。"

这时，炮楼二层的伪军发现了"异常"，传出了拿枪及拉枪栓的声音。

马立训等人立即戒备起来，正要冲上去时，只见王吉文抽出匣子枪，用冰冷的枪口顶着那个伪军班长的头，低声而威严地吩咐道："走，上楼去。"

伪军班长像木鸡一样，被王吉文用枪顶着战战兢兢向楼上走去。

快到楼梯口时，马立训跃身上前，和队友们转眼间就将楼上的 7 名伪军团团围住。

伪军见眼前突然冒出那么多八路军，顿时慌了，乖乖缴了枪。

相距六七百米外的另一座即将完工的炮楼，也被同行的另一路队伍顺利占领了。

王吉文指示，将 7 名伪军俘虏押到炮楼地下一层进行教育。同时，在炮楼三层架上了3挺机枪，马立训的机枪对着平邑的方向瞄准警戒，紧盯着夜色笼罩下的寂静旷野。

一切准备妥当。

王吉文让大家在这既危险又安全的"宿舍"里歇会儿，养足精神，做好第二天厮杀的准备。

第二天早晨，深秋的阳光洒在炮楼上，让人感觉暖暖的。

炮楼旁边的临滋公路上，行人成群结队而过。因为，这天是费县大集，每个走过炮楼的百姓、伪军及日本特务等，都会有意无意瞟一眼路边的炮楼。当然，他们没有想到今天的炮楼换了"主人"。

9时左右，两辆崭新的涂着"交通总管"字样的汽车，从平邑县城飞驰而出，很快就进入了两座炮楼之间地带。

这时，王吉文抱起一挺轻机枪，射出一梭子子弹，第一辆汽车的发动机顿时冒出一股青烟。

马立训的机枪也当即跟着吼叫了起来，打中了第二辆汽车驾驶室。

另一座炮楼上八路军的机枪也响了，堵住了日伪军的退路。

两辆汽车上的3名日军和17名伪军，被突然降临的弹雨打昏了脑袋，还没明白怎么回事儿，就去见了阎王。有5名伪军拼命逃出汽车，刚跑出没有多远，就撞到另一座炮楼八路军机枪的枪口上了。

干净利落，几分钟就结束了战斗。

马立训和战友们焚烧了炮楼，用手榴弹炸毁了汽车。打扫完战场，扛着战利品向蒙山转移时，驻扎在平邑县城的日伪军才匆忙出来增援。

事后，日伪军修建封锁沟的计划停止了，千百名被迫害的同胞解放了，马立训为那些曾被日军监工以各种莫须有罪名打死打伤的群众报了仇了。

这件事在鲁中传开了，还登上了延安的《解放日报》。

三炸岳家庄

1941年8月，山东纵队进行了第五期整军，完成了主力部队的正规化整编。

山东纵队原特务第1团、第2团合编为山东纵队第1旅第3团，王吉文担任团长，率部进驻天宝山区，并自此成为长期坚持天宝山抗日根据地斗争的主力。

马立训所在的山东纵队原第1旅第3团改称蒙南支队，陈奇任支队长，杜西书任政治委员，脱离第1旅建制，编入山东纵队第4旅，由纵队直接指挥。

整编结束后，蒙南支队挺进蒙山根据地。

蒙山古称东蒙、东山，位于山东省临沂市西北、沂蒙山区腹地，自西北而东南延续，绵亘近百里，跨平邑、费县（费南、费北）、蒙阴、沂南等县境。主峰龟蒙顶海拔1156米，为山东省第二高峰，俗称"亚岱"。

蒙山是中国著名的生态名山，自然风光秀丽，兼有泰山之雄壮、华山之险峻、黄山之秀美、雁荡山之奇绝。春天层峦叠翠，林海如潮；夏季飞瀑流水，云雾氤氲；秋时漫山红透，红叶如火；冬日银装素裹，尽显妖娆。可惜，大好山河遭受日寇践踏蹂躏，他们在蒙山周围设了数百个据点，各个山口关隘都修建了碉堡或炮楼。

日伪军的严密封锁，切断了八路军和老百姓的联系，给部队给养、弹药及药品等供应造成了极大的困难。

为了粉碎日伪军的"封锁"和"蚕食"，蒙南支队与当地百姓同甘共苦，共克时艰。部队刚进驻时，衣食住行都得不到基本的保障，他们就自己动手解决困难。没有粮食吃，就挖野菜充饥；没有做饭的锅，就用瓷脸盆代替；鞋穿破了，就用破布缠上；民房不够，就野外宿营，或自建住房。马立训带领机枪班战士上山割草、抬石头，搭起了一间石头房，算是解决了全班人员的住宿问题。

在坚守蒙山的那段日子里，部队官兵拿起枪就是战斗员，放下枪扛起工具就是劳动者。火热的革命熔炉和艰苦的战斗生活，将矿工马立训锤炼成一名出色的抗日勇士。作战训练间隙，马立训和战友们唱起了部队自己谱写的歌曲——

泰山、沂山、蒙山雄伟站立，
淄河、沂河、汶河弯曲奔流。
我们在这里生，
我们在这里长。
我们爱着我们的田园和家乡，
日寇汉奸又进行大"扫荡"。
烧村庄，牵牛羊……
我们父母妻子遭灾殃。
被侮辱，被杀伤……
积极动员起来粉碎大"扫荡"。
建立抗日民主根据地，
决不让日寇再猖狂！

　　位于蒙山北麓的费北县卞桥区（今平邑县卞

桥镇）岳家庄（又名岳家村）据点，建有 5 座碉堡，100 多名日伪军驻守在这里。他们以据点作支撑，为所欲为，对附近的村庄烧杀淫掠，无恶不作，给抗日根据地军民造成了很大威胁。山东纵队要求在费北仲里地区活动的蒙南支队坚决拔掉岳家庄据点，炸毁碉堡，歼灭据点里的日伪军。

侦察员报告，岳家庄据点里的 5 个碉堡，呈梅花状分布，既能独立作战，又能互相支援配合，拔除的难度比较大。而且，据点四周是又高又厚的坚固围墙，墙外还有壕沟、鹿寨，难怪日伪军吹嘘岳家庄据点"固若金汤"。

那时，蒙南支队最好的武器是"三八大盖"，单兵射击可以，可对付"皮糙肉厚"的碉堡却是无能为力。支队长陈奇曾任山东纵队第 2 团团长，熟悉爆破攻坚战术。面对岳家庄这块"硬骨头"，他要求部队刻苦钻研爆破技术，用烈性炸药摧毁日伪军的碉堡。

马立训响应支队领导号召，发挥自己的专业特长，与赵基本、魏希胜等战友一起反复琢磨，有针对性地研究爆破的技术和运用的战术。

以前的爆破都讲究"内爆"，爆炸手在碉堡或炮楼下挖坑掘土，把炸药埋进去。这样，爆破手要身带炸药、铁锹和镐头，行动起来很不方便。敌人在炮楼上，居高临下，手榴弹、子弹等雨点般砸下来，爆破手根本无法作业。马立训与战友们合计变"内爆"为"外爆"，如果加大炸药剂量，应该没有问题。

按理说，这要经过多次试验再下结论，可当时炸药是八路军的"紧俏货"，不舍得用来试验，只能在实战中学习，在学习中成长。

马立训的想法在第一次、第二次攻打岳家庄据点时得到了检验，实践证明切实可行。

爆破方式的问题解决了，可新的问题又冒出来了。

炸药包是用导火索引爆的，白天还好，晚上就容易暴露目标，成为敌人的活靶子，而且导火索的长度也不好控制。太长了会影响接敌运动，太短弄不好会炸伤自己。如果把炸药包放在目标外面再点火，在瞬息万变的战场环境下，划着火柴，点燃导火索，难度有点大。要是遇上刮风下雨天，很可能就会贻误战机。

那时，还没有雷管，用的全是土办法。

马立训性格内向，平时话不多，脑子里装的除了爆破还是爆破。讲起爆破技术来总是一套一套的，不怯场，也不谦让。

陈奇组织拔点诸葛亮会，多名连营长参加，各路高手在场。马立训主动要求发言，提出自己的新见解："我建议用布紧裹炸药，并将炸药捆绑在碉堡下端，之后再用手榴弹引爆，不用导火索。这样爆破，安全可靠，还会增强爆破的效果。"

马立训的这个想法，得到了陈奇的支持，与会者也纷纷表示赞同。

陈奇当即叫通信员拿来两条缴获的破军毯，截成4块，扎了4个方形炸药包。当天晚上，蒙南支队在费北县大队的配合下，对岳家庄日伪军据点发起了第三次爆破作战。

在机枪火力的掩护下，马立训腋下夹起炸药包，机智勇敢地冲到围墙外的鹿寨下面。随着"轰隆"一声巨响，日伪军的鹿寨飞到了空中。紧接着，马立训又抱起第二个炸药包，用手榴弹引

爆，炸开了据点的围墙。

马立训越战越勇，从战友手中接过第三个炸药包，跳跃腾挪，冲向日伪军的碉堡，并将炸药包固定在碉堡下端。随着震耳欲聋的巨响，碉堡和里面的日伪军一齐坐了"直升飞机"。

战友们怒吼着冲进岳家庄，全歼据点的日伪军凯旋。

1941年年底，山东纵队迎来成立3周年纪念日。为了纪念这个有意义的日子，加强部队的传统教育，纵队政治部宣传部部长刘子超作词、纵队特务团郭萃作曲，共同创作了《山东纵队进行曲》（也叫《山东纵队3周年纪念歌》），在纵队所属部队传唱。

孤儿马立训没有亲人没有家。一年半前参加八路军后，无论是在第1旅3团还是在蒙南支队，他都把山东纵队当成自己的家，战友就是他的亲人。纵队过生日他比谁都高兴，学唱纪念歌的积极性特别高。纪念歌歌颂的是纵队英勇斗争的光荣事迹，许多还是自己亲历的战斗，马立训因此学得特别快，一有空儿就哼唱起来：

日寇侵入了山东，

投降派便挂上了免战牌。

投降派逃跑了，

我们便从地下站起来。

徂徕山，举义旗，

誓死守土我们不离开！

土生土长，

在农村、在民间。

虽然是赤手空拳，

但是，有三千八百万人民和我们血肉相连。

虽然是无中生有，

但是有中国共产党领导着我们迈步向前！

虽然是年轻的军队，

但是也进行过无数的血战。

我们用土炮打下过飞机、击沉过兵舰，

在雷神庙、魏家堡、杨家横、刘家井、五井、

孙祖、大柏山、青驼寺……

曾用我们的热血写下了辉煌的战史。

看吧！看吧！

敌人正在我们面前发抖，

只要我们战斗，战斗啊！

不断地战斗！

胜利就在我们的前头！

　　从1938年年底建立统一指挥山东起义武装的山东纵队，到1939年春八路军第115师主力挺进山东，再到1940年8月建立山东党政军统一的领导机构，短短3年时间，山东抗日游击战争发展到了一个新的阶段，冀鲁边、鲁西、鲁南、鲁中、胶东、清河、湖西等抗日根据地的创建工作出现了新的局面。

　　马立训为山东纵队的发展壮大，为创建鲁中等抗日根据地作出了自己的贡献。

03 转战鲁南美名扬

打据点，弄炸药

　　1942 年，日军对敌后抗日根据地进行更加频繁残酷的"扫荡"，实行"三光"政策，将所有财物、粮食、耕牛、骡马甚至破铜烂锅都搬进据点，将八路军部队常驻的村庄房屋烧光。同时，继续实行"总力战"，推行第四次"治安"强化运动，到处修碉堡、设据点、挖封锁沟、修封锁墙，实施"囚笼政策"，把泰山、沂蒙两块基本抗日根据地分割为田字、王字、井字形的若干小块，形成"东西一线牵，南北一枪穿"的极端困难局面，进而实现了由点线扩张为面的占领，由对城镇转向对乡村的控制，敌占区在不断扩大。

为打破日伪顽军的夹击"蚕食"，保卫抗日根据地，山东纵队积极展开军事打击和政治攻势，既有公开的作战，又有隐蔽战线斗争。能歼灭的就地歼灭，能挤走的就不惜余力挤走，逐步逼迫日伪军撤退。

在这个大背景下，1942年1月底，成立才5个月的蒙南支队又回归山东纵队第1旅建制，与第1旅3团合编成新的3团，攥起抗日的拳头，狠狠打击敌人。

此前，王吉文率领3团转战鲁南，5个月打了7仗，特别是在苏家崮与6000余名日伪军激战竟日，1连和4连指战员大部分牺牲，只有少数人突围出来，部队严重减员，被迫转往鲁中泰（安）泗（水）宁（阳）地区休整。

3团急须"输血"。

山东纵队遂将3团剩余部队整编为2营和3营，1营由蒙南支队缩编补充。合编后的3团1800余人，王吉文继续担任团长，政治委员则由蒙南支队政治委员杜西书担任。

就这样，马立训又成了王吉文的部下。

在合编整训期间，马立训对自己的"老3团"有了更深的了解。从津浦支队成立，到特务第1团、第2团整编为山东纵队第1旅3团，再到刚刚完成的合编，短短三四年时间，3团转战冀鲁边、鲁西北、泰西、鲁中、滨海和鲁南各地，成为一支机动作战最早和作战活动区域较广的抗日劲旅，赢得了能打硬仗、善打恶仗的美名。

马立训亲历了3团的多次战斗。他亲眼见证，每次打硬仗、恶仗时，连队的共产党员总是身先士卒，冲锋在前，生死关头挺身而出，感到发自内心的敬佩，便向连长表示："我也要成为一名共产党员。"整训期间，他向连队党支部递交了入党申请书。

合编整训后的3团，兵强马壮，士气高昂，在鲁南频频出击。短短十几天时间，就连续攻克牛家庄、李家栈、尧家王庄等日伪军据点，歼灭了一批长期投靠日伪军的反动地主武装。之后，王吉文、杜西书将视线转向了大汶口至张庄公路上的孙村据点。

孙村据点是日军在山东第12行政督察区（今

新泰市）城区以外设立的第 1 个据点，也是日军在柴汶河南岸实施"治安"强化运动的重要据点。

此时，驻守孙村据点的是日军宪兵，后属于日军华北方面军派遣军甲 1480 部队第 4 中队第 2 小队。宪兵是日本天皇的亲兵，享有监督日军陆军的特权，素以凶狠残暴著称。他们进驻据点后，不仅疯狂镇压孙村一带的抗日军民，还经常到刘杜岔河一带进行扫荡，实施"三光"政策，犯下累累罪行。

俗称"小独寨"的孙村据点，因地势呈三角形，又叫"三角寨"，修建在孙村宝合寨东门里路北（今新泰市新汶街道孙村）。寨子东北两面，沿用宝合寨的老墙体，周长约 400 米，用"三合土"夯筑而成，十分坚固。寨墙高约 5 米，四周设有射击孔，易守难攻。寨门开在南边，寨子中间竖起一根高杆，顶端绑有一个"草把"，高高悬在偌大的寨子上空，十分扎眼。

这个"草把"引起了马立训的注意。

带着疑问，马立训请教当地老乡。老乡告诉他，"草把用于联络张庄煤矿"。听到"煤矿"二字，他不禁眼前一亮："有煤矿的地方就会有炸药。"联想到近几次破袭据点炸药紧缺的窘境，他内心一阵狂喜，当即向连长报告了他的"新发现"，并提出了"打据点，弄炸药"的建议。

其实，王吉文也注意到了这个"草把"，并知道了其中的秘密。他告诉1连连长，英雄所见略同，团里马上召集开个诸葛亮会，很快就会采取行动。他还对连长说，马立训爆破技术好，不怕吃苦，勤于动脑，连队要好好表扬，重点培养。

孙村一带盛产煤炭，露天开采的历史可追溯到唐代，宋元时期的煤炭已用于冶铁，明代主要用于炼焦。孙村煤矿的范围，包括张庄煤矿和良庄煤矿。空中的"草把"是用于联络张庄煤矿。

煤矿开采要用炸药，而炸药又是爆破攻坚的必需品。

王吉文寻找着战机。

2月27日，日军自泰安向孙村方向开来两辆汽车，车上满载各种工程器材，还有11名日军及一名日籍妇女和一名日籍男孩。据内线情报，这名妇女和男孩是日本华北开发株式会社新泰炭矿矿长的女儿和外甥。傍晚，车到孙村至张庄之间时突遇大雨，木桥沟涨水，道路泥泞，汽车不能通过，只好返回孙村街东门里路北的牛庆勇家客店，计划住一晚，第二天再回张庄煤矿。

真是天赐良机。

王吉文闻讯，当即采取行动。他兵分两路：一路攻打宪兵驻扎的据点，能一举歼灭更好，不能歼灭就拖住敌人；一路截击住在客店里的日军及日籍人员，一定要生擒那名日籍妇女和那名日籍男孩。

泰宁县大队配合此次行动。

当马立训和战友们踏着泥泞的小路赶到孙村时，已是子夜时分。

王吉文见大家已准备就绪，就命令通信员打了一发绿色信号弹。

刹那间，孙村四周枪声大作，火光冲天。

日军从睡梦中惊醒时，3团指战员已攻破寨门。

马立训在攻打据点的队伍里，手持轻机枪，边射击边冲向炮楼，毫不畏惧，一往无前。另一路的泰宁县大队按照先前的分工，直接朝日本人住的客店快速奔去。

由于炮楼高大坚固，又是雨夜行动，强攻未果，但也有效拖住了日军，无法分兵外援。

泰宁县大队成功截击了住在客店里的日军小分队，毙日军3人，伤日军1人，俘虏日军7人和一名日籍妇女及一名日籍男孩，缴获"三八大盖"10支、手枪3支及军用物品若干。

3团和泰宁县大队把孙村搅了个底朝天后，带着缴获的战利品，连夜迅速转移。

天刚大亮，日军就派出800多名骑兵、500多名步兵，外加百余名伪军，四下搜寻，与3团和泰宁县大队周旋一个多月，也没有见到他们要找的日籍妇女和男孩，只好向八路军提出，愿意以1挺机枪换一个人。过了两天，还是不见人影，日军又提出再加3挺重机枪。

王吉文见时机已到，便提出："我们不要机枪，只要炸药。"

马立训"打据点，弄炸药"的建议，王吉文一直记在心里。这次攻打孙村据点，截击客店的旅客，就是为了"弄炸药"。打炮楼是为了分散日军的注意力，牵制据点的日军。打据点缴获机枪容易，可炸药不是每个据点都有。

对用炸药换人，日军只好同意。

在日军数次交付共千余公斤炸药后，日籍妇女和男孩被平安送回新泰炭矿。

马立训望着眼前堆成小山似的炸药，心里乐开了花，他仿佛看见一座座炮楼碉堡在炸药的爆破声中化为残垣断壁。

剿灭汉奸张显荣

合编后的3团经过一系列战斗，打开了新泰、蒙阴、泗水边界地区的抗日斗争新局面。

1942年5月底，马立训跟随3团返回费南，收复被伪军和平救国军第10军3师师长刘桂棠第3次占领的小崮子（又名青云山），使抗日根据地暂时稳定了下来。

3团领导从小崮子的反复争夺战中认识到，要想彻底扭转抗日根据地的不利局面，必须对危害极大的顽匪及"皇协军"给予歼灭性的打击。刘桂棠罪大恶极，兵力较多，聚散无常，地形熟悉，耳目众多。3团部队兵力有限，一时难以彻底解决，因此不能急于求成，不能打无把握之仗。

当时，盘踞在泗南北孙徐村的"皇协军司令"张显荣与刘桂棠的情况类似，但兵力相对较弱。由于背靠日伪军的庇护，张显荣在泗南一带也是为非作歹，直接威胁着邹（县）东抗日根据地的安全。

为深入开展反"蚕食"、反"封锁"的对敌斗争，打开泗南和邹东的抗日斗争局面，3团和尼山支队决定自费南北上泗水，采取长途奔袭的掏心战术，一举剿灭张显荣部。

张显荣，泗水县张庄乡西蒲峪河村人，其父经营杂货，买卖兴隆，是村里有名的大户人家。他成年后跟着父亲做生意，四处贩卖牛和枪药，获利颇丰，日子过得很是滋润。

七七事变后，鲁南各地土顽、地主等以抗日

为名，纷纷拉起了队伍，自称司令。一时之间，鲁南遍插大王旗，司令多如牛毛，仅泗水就有十几个，张显荣便是其中之一。他组建了"抗日游击大队"，自任大队长，下设3个中队，兵力最多时有6000余人。

张显荣打着"抗日"的幌子，干着抢地盘、屯粮食、扰百姓的勾当，不断与八路军制造摩擦，甚至伏击地方抗日武装。

1942年春，张显荣公开投靠日本侵略军，当上了"皇协军司令"，并将司令部移驻泗水城南的北孙徐村，所部2000余人分别驻扎在周围30多个村庄，多次配合日军侵犯八路军抗日根据地，横行鲁南，成为当地一害。

马立训和战友们对张显荣与日军同流合污、助纣为虐的恶行极为愤怒，一个个摩拳擦掌，纷纷表示要讨伐汉奸，严惩张显荣。

此时，3团正在研究剿灭张显荣的作战部署，马立训和战友们很快就接到了战斗命令。

1942年8月23日傍晚，王吉文率领1营和3营撇开张显荣驻地北孙徐村，朝着相反方向的张庄疾步开进，给张显荣摆了一个"迷魂阵"。

经过昼夜行军，马立训和战友们来到40公里外的张庄附近，集结待命。

王吉文特地嘱咐3营，要摆出围攻张庄据点的架势，制造志在必得的氛围。同时，他命令1营隐蔽休息，养精蓄锐，随时待命。

25日凌晨，3营向张庄据点发起了进攻，枪声四起，此起彼落，打打停停，与张庄据点里的日伪军僵持了一天，给日伪军造成了"在等待总攻时机"的错觉。

夕阳西下，西边天际露出一片晚霞。

这时，王吉文把1营和3营主力悄悄集合了起来，挥手指向北方，说："同志们，抓张显荣去，出发！"

张显荣的司令部驻在北孙徐村李家寨。北孙徐村是泗南山区一个较大的村庄。北依居龙山，西有磨石山拱卫，薛宋岭绵亘东南，一条河流从村前向西北延伸，形成一个天然的屏障。村子的核心区域李家寨号称"铜墙铁壁"，按照泗水县城的样式修筑，寨墙由青石砌成，高一丈六七尺，地面 5 层寨院均用长 2 米、厚 1 米的青石条垒成，仅在东南墙边留一个小铁门，西北角建有坚固的炮楼。

王吉文把炸开李家寨寨墙和炮楼的任务交给了 1 营突击队。

马立训时刻准备着。他听到"出发"的号令后，立刻兴奋起来，肩扛手提炸药包，走在 1 营突击队员的前面。

此时，张显荣正躺在据点里吞云吐雾抽大烟呢。白天，他收到王吉文带领部队转移的消息，开始还半信半疑，直到张庄据点派人前来求援，他那颗狐疑不安的心才完全放下来。他想，张庄到这里有七八十里地，八路军就是长了飞毛腿，一时也来不了，便对卫队长说："告诉兄弟们，今晚好好地睡一觉，明天出去给我捞一把。"

夜幕四合，万籁俱寂。

张庄通往北孙徐村的土路上，一支队伍在悄无声息地疾进着。

王吉文指挥 1 营和 3 营主力轻装上阵，远程奔袭，赶到预定地点时，离攻击时间午夜 12 时还有 20 多分钟。

马立训和突击队员们匍匐在李家寨墙外 10 余米的地方，屏住呼吸，等待进攻命令。

这 20 分钟是那样漫长，王吉文等不及了，提前下达了"开打"的命令。

顿时，寨子四周枪声大作，小铁门附近的枪声尤为激烈。

马立训在密集的机枪火力掩护下，抱着用军毯包扎成的炸药包率先出击。只见他匍匐前行，把炸药包放在寨门下边的石阶上，然后匍匐退回隐蔽处，用力一拉绳子，脚下顿时颤抖起来。一声巨响过后，寨墙被炸开一个大豁口。

突击队员们伴随着冲锋号声，裹挟着浓烟，冲向寨墙豁口。

睡梦中的张显荣被惊醒了。他慌忙穿上衣服，指挥亲信卫兵往炮楼里钻。他知道，炮楼异常坚固，一般的炸药拿它没有办法。日伪军平时龟缩在炮楼里不怎么出来，就是这个原因。此刻，他依然心存侥幸，八路军冲进李家寨并不等于能攻占炮楼。于是，他壮着胆子向外面喊话："你们别

白费力气了，炸弹可炸不穿我的炮楼！"

张显荣话音未落，又一个冲天的爆炸声在他耳边响起，震得他那胖墩墩的身躯晃了晃。

原来，马立训见一般炸药奈何不了寨子坚固高大的围墙，便使出了他"神炮"的绝招——飞爆，号称"铜墙铁壁"的李家寨顿时变成了"破铜烂铁"。一时间，石头、泥土、木片，伴着滚滚的烟雾飞上了天。

马立训见状，扭头大喊："同志们，冲啊！"

突击队员们如猛虎下山般冲进李家寨，直逼西北角的炮楼。

守炮楼的是张显荣的亲信卫兵，怙顽不悛且武器精良、火力很强。突击队员们一时无法接近，便集中火力堵住敌人的机枪射孔，压制住炮楼的火力。

马立训没有犹豫，第三次抱起炸药包，跃进炮楼一侧的平房。"轰隆隆"几声响起，"连环爆破"炸塌了平房，炮楼孤零零地竖在地上。

突击队员们趁爆破硝烟尚未散尽之际，越过平房废墟，箭一般地冲到炮楼底下，用机枪堵住炮楼出口，迫使敌人乖乖缴枪投降。

清点俘虏时，担架抬出一个摔断了腿的军官，他身着伪军服，浑身尘土，狼狈不堪。此人肥头大耳，腰圆腿粗。经辨认，他正是"皇协军司令"张显荣。

原来，3团发起攻击时，张显荣和副司令李延寿见大势不好，慌忙丢弃亲兵，窜出炮楼，爬上附近平房，从房檐上跳到寨子外，企图顺沙沟向北山逃窜。谁知张显荣逃命心切，慌了神，落地时摔断了一条腿，只好拖着断腿，爬到附近一座石桥底下藏起来，结果被3团打扫战场的战士俘获。

天快大亮时，战斗结束，3团全歼北孙徐守敌，生擒"皇协军司令"张显荣以下400余人。

王吉文望着李家寨的残垣断壁，见肩扛战利品的马立训从身边经过，大声称赞道："只要有你马立训在，就没有我们3团攻不下的据点炮楼。"

夜袭南大顶

当马立训和战友们西进泗水剿灭汉奸张显荣的时候，刘桂棠部2团2营400余人再次侵占了天宝山南大顶（也称天宝山崮），并且抢修工事，设立据点，企图凭借天险长期据守，伺机以此为跳板，对抗日根据地进行侵扰、破坏和蚕食。

天宝山位于费县城东南30公里处，占地20多平方公里，有着复杂的地形地貌和奇特的自然地理，崇山峻岭，地势险要，树木茂密，易守难攻，便于部队隐藏与转移机动。

当时的费县处于鲁南抗日根据地的北部，以天宝山为中心，屹立于蒙山与抱犊崮两大山区之间，是鲁中与鲁南联系的要冲，与鲁中互为机动作战的外线。而鲁南抗日根据地又是山东抗日根据地的南大门，战略地位十分重要。

在3团进行的抗日斗争形势及敌情、社情教

育中，马立训了解到了天宝山的许多情况。

天宝山起初由廉德三的民团占据着。由地主、富农买枪，吸收贫农组建而成的天宝山民团，共有200多人。经过八路军的教育争取，廉德三接受改编为八路军第115师天宝山游击大队，廉德三为大队长。不久，在日特分子王功武的拉拢、煽动下，廉德三叛变投敌，还裹挟了千余名不明真相的群众。第115师被迫对廉德三进行军事讨伐。经过两次激战，叛军大部被歼灭，群众纷纷返回了家园。

几个月后，第115师北移沂蒙山区，难以兼顾天宝山区，刘桂棠部便趁火打劫侵占了天宝山。第115师教导2旅及山东纵队1旅在地方武装的配合下，发起了讨伐刘桂棠的天宝山战役。经过多次战斗，刘桂棠部狼狈逃窜，天宝山重新回到人民手中。

1942年8月，刘桂棠部趁3团主力西去讨伐张显荣部之际，命其2团2营再次偷袭占领了天宝山南大顶。

南大顶是天宝山的主峰，东南两面都是悬崖

绝壁，西面和北面都是高崖深谷，只有一条狭窄陡峭的小路可通山顶，在山顶关口处建有一座大碉堡，真可谓一夫当关，万夫莫开。山顶周围筑有寨墙，北山两峰凹处有一山泉，足够数百人生活饮用，几百人固守一两个月不成问题。所以，刘桂棠部占领天宝山南大顶后气焰极为嚣张，似乎八路军拿他们没有办法。

天宝山是鲁南人民心中的英雄山，它象征着鲁南人民历经磨难、不屈不挠的精神。

在此期间，山东纵队改为山东军区，实行主力部队地方化。山东纵队第1旅划归第115师建制，改番号为教导第1旅，辖第1团、第3团。刚剿灭张显荣部的3团部队士气大振，自泗水回师费南后，决心乘胜利之士气，一举歼灭刘桂棠部，收复南大顶。

根据敌情和地形条件，3团进行了战斗部署：1营1连在西北方向的山路上实施佯攻，吸引刘桂棠部的注意力；3营9连堵住东北方向的山路，防止敌人逃跑；3营7连和8连由南面实施主攻。

9月1日，夜幕笼罩着天宝山。

马立训和 1 连战友们按照分工抵达佯攻位置。

1 连以班为战斗单位，采取连续、梯次、递补的小组佯攻作战方式，既便于佯攻行动，又不影响发挥其战斗力。

20 时许，1 连沿着西北的山路发起了攻击，马立训手中的机枪吼叫了起来。指战员们齐声呐喊，冲杀声不绝于耳，军号声此起彼伏，仿佛有千军万马在攻山，成功将刘桂棠部的主力吸引到了西北方向。

7 连趁刘桂棠部被 1 连吸引之际，悄悄接近其山顶关口工事，随后发起了猛攻。刘桂棠部虽然在山顶关口组织了密集火力，但由于摸不清八路军真正的攻击方向，一时下不了决心，而八路军又擅长夜战，熟悉地形，很快就突破了刘桂棠部的防御，冲向南大顶。

担任佯攻任务的 1 连见守敌犹豫不决的样子，便"假戏真做"，转身就开始了真正的进攻。

马立训紧跟着突击队，时而大步跃进，时而匍匐前行，离山顶只有数百米了，晃动的守敌脑袋已经看得清清楚楚。守敌见背后有情况，便想掉转枪口打阻击。关键时刻，马立训猛冲十几步，进入守敌火力网的死角，抓住有利时机，左右开弓，连续投出两颗手榴弹，趁着弥漫的硝烟，大声高呼"冲啊"。战友们很快突破守敌的防线，由西北攻上山顶，与7连形成了前后夹击的态势。

山顶的守敌惊恐万状，抱头鼠窜，企图由东北面的山路突围，结果遭到早就埋伏在那里的9连的阻击。守敌挥舞大刀欲作困兽之斗，9连指战员针锋相对上刺刀。守敌很快土崩瓦解，纷纷跳崖逃命，多数摔死摔残，只有极少数敌人漏网。

此次夜战，干脆利落，成功收复南大顶，生俘刘桂棠部副团长以下200余人，给予刘桂棠部以沉重打击，消除了群众的"恐刘"心理，对发动群众、巩固发展根据地起到积极的作用。

时值深秋，抗日根据地进入了前所未有的极端困难时期。一方面，日军野蛮的"三光"政策，让抗日根据地军民在人力、物力、财力上消耗巨大，药品及物资难以保障；另一方面，因为鲁南闹荒灾，水井干涸，人畜吃水困难，农作物减产九成，军民没有粮食吃，树皮也被剥光，很多群众长期食不果腹，村子里许久不见烟火气。

残酷的斗争和生存环境，要求抗日根据地军民必须精兵简政，以便灵活机动地与日伪及国民党顽军作斗争。3团在收复南大顶后将有10个连队的大团缩编为5个连队的小团（没有营级编制），王吉文依旧担任团长，第115师政治部青年科长邱祖瑞担任政治委员。

部队缩编，马立训许多生死与共的战友就要分开了，或调往别的抗日根据地，或从事地方工作。马立训是3团出了名的战斗骨干、爆破能手、机枪射手，王吉文自然舍不得让他离开，让他继续担任1营1连机枪班班长。瞧着战友们一个个离开，与他挥手泪别，他心里十分难受。

邱祖瑞从部队弥漫着的离愁别绪中，发现了一些思想问题，不失时机地给3团指战员上了一堂大课。邱祖瑞说："从长期艰苦的斗争出发，要求我们必须保存有生力量，进行分散的、灵活的、持久的斗争。因此，我们要精简部队，缩减机关，更紧密地依靠群众，坚持地方性、分散性、群众性的敌后游击战争。这样，我们才能战胜自然灾害，挫败敌人的阴谋。"

马立训把政治委员的话记在了脑海里，他知道暂时的离别是为了胜利后的重逢。一切困难都是暂时的，抗战胜利一定属于八路军、新四军，属于中国人民。

3团完成精兵简政后，于12月中旬从博平县（今聊城市茌平区博平镇）出发，攻打平邑县地方镇的康太庄及松山子伪军据点。

马立训的机枪班被编入1营突击队，有人肩扛着轻机枪，有人手提着炸药包，神气十足地走在行军路上，引来战友们羡慕的目光。

16日傍晚，拔点战斗正式打响。

按照战斗计划，1营突击队率先行动。

马立训用炸药包炸塌了康太庄伪军据点的一截围墙，掩护突击队员冲锋的机枪也响了起来。但由于据点的炮楼距离围墙较远，中间还有一片空地，没有障碍物，炮楼上的伪军见八路军冲过围墙，就用轻重武器封锁了炮楼四周的空地。

这是邱祖瑞担任政治委员后指挥的第一次拔点战斗，见进攻受阻，他便展开政治攻势，亲自向伪军喊话。据点里的伪军听出他是南方口音，认定是个"大干部"，就将火力集中到他隐蔽的地方。邱祖瑞不幸中弹牺牲，年仅 26 岁。

来自江西兴国的邱祖瑞，十几岁就参加了红军，作战勇敢，充满活力，从战士一步步成长为八路军优秀团级政工干部，为抗日战争献出了年轻的生命。

邱祖瑞倒下的地方距离马立训不远，马立训被眼前的突发情况惊呆了。年轻的政委倒下了，他几天前的讲话声音还在耳畔回响。马立训接受不了这个残酷的现实，夹起一个炸药包就要往前冲，要为政委报仇雪恨，但身边的连长死死按住了他："你这样直愣愣地冲上去，不是白白送死吗？炮楼要打，仇也要报，但要减少不必要的伤亡。"

马立训只得趴在地上，牙齿咬得咯咯响。

兵无常势，水无常形。

"要奋斗就会有牺牲，何况是全民动员的抗日战争。"马立训亲身体会到了战争的残酷无情，对穷凶极恶的日伪顽军增添了更深的仇恨。1 个月前，传授他爆破技术的老营长王凤麟在博山县马鞍山壮烈牺牲，以身殉国。他得到消息后，痛不欲生，连续几天茶饭不思，寝不安席。如今，意气风发的年轻政治委员又倒在了他的眼前。

身边的战友相继牺牲，更加激发了马立训的杀敌决心。"但使龙城飞将在，不教胡马度阴山。"他要为王凤麟、邱祖瑞，为更多牺牲的战友报仇。

马立训在此后鲁南进行的历次战斗中，总是手提炸药包冲在最前面，第一个勇毅接敌，第一个面对生死，运用"偷爆""飞爆"等技术，摧毁了日伪顽军无数的鹿寨、炮楼和碉堡，被战友们誉为"开路先锋"、鲁南第3团的一尊"神炮"。

04 痛击顽军除公害

锅泉歼敌

1943年年初，费南和整个鲁南的斗争形势更加严竣。

1月中旬，日伪军纠集万余人"扫荡"鲁南山区，在山口关隘增设据点炮楼。狭长的鲁南根据地，被分割成不可相连的5个地区。

与此同时，国民党顽固派加紧实施"入鲁计划"，企图在山东建立反共基地，派驻皖北的第92军李仙洲部组成第28集团军进驻山东。2月初，李仙洲让他的少将师长刘春岭带领第142师（辖第245团、第246团）越过微山湖和津浦铁路东进，率先侵入鲁南滕峄地区。

鲁南大小土顽见国民党第 92 军主力北上入鲁，仿佛被注入了一剂"强心针"，纷纷跳出来，四处滋扰，祸害百姓，趁机蚕食八路军抗日根据地。

伪军和平救国第 10 军 3 师师长刘桂棠这个老牌汉奸更是"一马当先"，出动 3 个团的兵力，先后攻占石河、洪河、崔家庄、罗圈峪，又兵分数路，进犯蒙山中心地带，占领山头，放火烧山，以火引路，节节进犯，被八路军鲁中军区和地方武装迎头痛击，损兵折将，只好带着残部狼狈逃回鲁南老巢锅泉。

刘桂棠占领蒙山要地的梦想破灭，窜回老巢锅泉后，师部驻托车沟，1 团驻小官路，2 团驻西邱，3 团驻高家庄、水泉峪等地，以锅泉为中心修筑防御工事，在锅泉东西两个山寨修筑围墙、抢修炮楼，妄图凭借复杂地形继续负隅顽抗。

锅泉是一个物产丰富、山清水秀的美丽村庄，位于费县锅泉（今平邑县）铜石镇。原分为南北两个锅泉，两个村子中间有田地，并不接壤。后来，随着人口的增多，两个村子也逐渐合二为一。

刘桂棠部由于连续遭到八路军主力和地方武装的打击而大幅减员，3个团的兵力加起来仅剩1100余人，纪律松弛，士气低落。

此时，第115师教导1旅3团改称鲁南军区第3团（老百姓亲切地称之为"老3团"），教导第1旅政治部组织科长刘春担任团政治委员，原教导第1旅政治委员王麓水调任中共鲁南区委书记兼鲁南军区政治委员。

4月中旬，根据鲁南军区首长指示，鲁南军区第3团（以下简称3团）决定趁刘桂棠部立足未稳，攻打锅泉，彻底歼灭刘桂棠残部。

这是3团在邱祖瑞政委牺牲后的一次重要军事行动，马立训和战友们终于等来了为牺牲烈士报仇的这一天。

3团攻打锅泉的总原则是先打指挥机关，然后各个击破。

4月23日夜，3团1连、2连、3连从铜石镇大广泉村出发，经高家庄以东绕至托车沟以北，向刘桂棠司令部驻地托车沟进发。

马立训肩扛轻机枪，带领机枪班，疾步走在

行军的路上。他心里琢磨着如何利用好手中武器歼灭更多的敌人。

由于情报不够及时，当马立训他们赶到托车沟时，发现那里已经人去屋空。原来，刘桂棠司令部正巧这天下午移驻毛家岭，致使进攻部队扑了空。

4连经苏家庄北山口向锅泉运动，向东山寨猛进，仅9分钟就结束战斗，顺利占领了东山寨。

5连由地平庄出发赶到西山寨时，战斗已经打响，随即进入阵地，直插西山寨，数次进攻均未得手。

围歼托车沟的行动和4连及5连的枪声，惊醒了驻锅泉的刘桂棠残部，其部随即展开突围。

3连迅速插到锅泉以北堵击，因地形不熟导致刘桂棠残部沿锅泉东北沟逃走。王吉文当即令1连向南、2连两个排由东北堵击。

马立训和战友们接到命令后，当即出发，迈开双腿向南追击。由于事发突然，道路不熟，又是漆黑的夜晚，致使刘桂棠残部侥幸逃脱。

这时，1连接到在东北崖集结以阻击援敌的命令。马立训带领机枪班当即回返，跑步赶往东北崖，借着晨曦的微光，抢占有利地形，架起轻机枪，做好阻击援敌的准备。

天大亮时，锅泉北面人头攒动。刘桂棠部的增援部队赶到，并抢占了泉子峪西南的山头。

王吉文随即组织部队，占领一切有利地形，进行顽强阻击。

马立训守住东北崖高地，手里的机枪怒吼着，打得援敌寸步难行。

刘桂棠残部见增援不成便仓皇后撤，西山寨的刘桂棠残部也乘机向北突围逃跑。两股逃敌靠拢后，经温水过公路逃走。

至4月24日下午，战斗结束。

这次战斗虽然未能达成"全歼刘部"的目标，但摧垮了刘桂棠部的据点。自此，刘桂棠部被赶出了锅泉老巢，成了名副其实的丧家之犬，距离灭亡之日已经不远了。

松林打伏击

为打通鲁南与鲁中的联络通道，歼灭阻碍抗日根据地交通的反动武装，6月17日，王吉文亲率第1连、第2连、第5连奔赴邹东，在由鲁南第1军分区和尼山支队合并的尼山独立营的配合下，攻打盘踞在泗水营里、芦沟、王家沟等5个村庄（简称后五村）的反动武装据点，捣毁其核心据点涝沃村，生俘蔡宪义、李文元等顽军头目以及前来支援的曲阜反动武装，打开了邹东向西发展的道路。

此时，两个月前侥幸逃脱的刘桂棠残部又从费北返回锅泉，沿途洗劫了毛家洼等十几个村庄。3团闻讯先后两次紧急出击，逼迫刘桂棠残部弃守锅泉，绕过伏击阵地，南逃固城、土桥地区一带，与国民党军第92军142师刘春岭部会合。

8月初，第142师师长刘春岭率两个团进占曹家沟、黑风口一带，北犯八路军抗日根据地的企图日益明显，只是北进的具体时间和路线尚难判定。12日，鲁南军区获得确切情报：13日刘春岭将以刘桂棠残部为先导，通过抗日根据地费南中心区，北上窜犯。

其时，入鲁半年多时间的国民党顽固派第92军所辖各部，包括暂编第30师、第142师、第56师、第21师等部队，走到哪里都挨打，经历了30余次大小战斗，损兵折将，已成惊弓之鸟。李仙洲看到东进无望，遂抛下进入鲁南的第142师，率残部于8月10日向皖北老巢逃去。

刘春岭犹如一头犟牛，率领第142师4000多人，又纠集刘桂棠残部人马，号称"万人大军"，进入鲁南后横冲直撞，胡作非为。鲁南军区遂决定：3团1连、4连在郑城、松林以东，南大顶西麓选择有利地形设伏，隐蔽待命出击，狠狠教训一下刘春岭。

3团1连和4连闻令而动，积极做好临战前的各项准备工作。

1连连夜进行战斗部署，官兵闻讯后，士气高昂，摩拳擦掌，表示要坚决打好这一仗，决不能让刘桂棠再溜掉了。马立训更是直接喊出了"打好伏击战，活捉刘桂棠"的口号，对胜利充满了信心。

8月13日早上，雨雾蒙蒙，能见度低。

鲁南军区司令员张光中、政治委员王麓水率军区特务连冒雨来到1连，检查准备情况，听取敌情汇报，细化战斗方案。

作为3团主要战斗骨干之一，"神炮"马立训跟随团长王吉文参加了战前诸葛亮会，亲耳聆听了军区首长的战情分析和指示。

会上，王麓水开门见山："我们鲁南军区只有3团4个连和军区特务连，总共不过500多人，敌我力量悬殊。仅凭我们现有的兵力，一口吃掉眼前的敌人，是不太现实的。目前，敌人正从黑风口分两路向北推进，拉成了一条线。我们可以出其不意，掐头去尾，集中兵力打掉敌人师部，捣毁它的指挥机关，让敌人群龙无首，我们乱中歼敌。"

王麓水停顿了一下，进而分析说："松林村一带的地形和青纱帐对我们打伏击十分有利，加之老区群众觉悟高，不仅不会走漏消息，反而还会全力支援我军战斗；我若战斗野心过大，不但啃不动，吃不下，还可能被敌缠住，陷于被动。而我以3个连对付敌人一个师部（战斗部队少），就大大改变了敌我力量悬殊的程度，速决取胜的把握就会比较大。"

王麓水在对部队进行简短有力的战斗动员后，就与司令员张光中一起率领军区特务连和3团1连、4连，急行军进入松林村以东的山坡阵地，埋伏在临近道路的沟壑和青纱帐里。

这是马立训第一次在军区司令员和政委直接指挥下遂行作战任务，不由得心里有些忐忑，既兴奋又紧张。兴奋的是，司令员和政委亲自指挥的战斗，一定会是硬仗、恶仗，为人民立功的机会来了，他充满期待；紧张的是，"神炮"名声在外，第一次在军区首长眼皮底下作战，心里不免有些忐忑。

马立训在进行着激烈的思想斗争时，军区首长及王吉文侦察完了伏击阵地。司令员张光中提出了两条措施：一是在群众疏散后，派出少数侦察员伪装成干农活的群众，保持常态，麻痹敌人。二是在松林村河谷中的大路前方有两个独立小山包，如果预先占领，将会过早被进犯的敌人发现，形成"拦头"，打不着"七寸"。如果放弃，战斗打响后其必然会被进犯的敌人控制，对伏击不利，必须想个周全的办法。

王吉文听到这里，说出了自己的想法：在山包上布设地雷，留少数战士隐伏在山腰准备引爆地雷，两座山后各派一个排的兵力埋伏，等到敌人的先头部队通过，师部进入伏击圈就开火。战斗打响后，当敌人抢占山头时，立即引爆地雷，部队抢先占领山头，造成"关门打狗"之势。

张光中、王麓水当即表示同意。

设伏的山坡阵地，冈峦起伏，山坡下有一条沙河，河水紧靠西岸流淌。东边裸露出20多米宽的沙滩，沙滩上有一条南北通道。这里是敌人的必经之路。

张光中、王麓水跟随特务连指挥战斗，浑身湿透，毫不在意。

马立训和战友们趴在泥水地里，任凭风吹雨打，一个个全神贯注，睁大眼睛，紧盯着大路方向。

上午9时，敌人的先头部队从郑城方向出现了。刘桂棠残部在前，第142师师部居中，第142师426团断后，从南面黑风口蜂拥而来。

雨越下越大，迎面的雨点打得人睁不开眼。敌人的火炮及轻重机枪都穿上了炮衣枪衣，当兵的倒背着步枪，当官的紧裹着雨布，一步一滑地冒雨行进，不断地从伏击圈穿过。

设伏部队隐伏不动，以极大耐心等待着最佳战机。

中午时分，第142师师部进入伏击圈，大雨骤然倾盆。

司令员张光中一声令下："打！"

马立训手里的机枪率先吼叫了起来，眼前的敌人顿时倒下一片。

此时，枪声、爆炸声、呐喊声如山崩地裂，震耳欲聋。埋伏在阵地上的战士忽地跃起，猛虎般地直扑敌人，像从天而降的锋利钢刀，把敌人

的长蛇阵拦腰斩断。

指战员们在敌群中间猛杀狠打，刀光闪闪，子弹纷飞。

敌人遭此突然袭击，吓得魂不附体，压根儿想不到伏击他们的只有3个连的兵力，一时间人马杂沓，乱作一团，完全失去了抵抗能力。官兵各自逃命，跑不动的就地跪下举手投降。

走过伏击圈的敌人，因不明虚实不敢回头接应；后边的敌人因没有接到师部的命令，也不愿冒险前来解围。经一小时激战，第142师师长刘春岭中弹受伤，弃下数百名官兵和轻重武器，不要命地向四开山方向溃逃。

作为先导的刘桂棠残部凭着对地势的熟悉，听见枪声就抢先逃向流峪、四开山。刘桂棠这只老狐狸又溜掉了。

第142师损失惨重，再也没有入鲁初期的兴奋劲儿，纷纷向四开山方向溃逃。

到了嘴边的肥肉，哪有不吃的道理？张光中、王麓水当机立断，下令调集3团全部、5团和尼山独立营各一部还有军区特务连，共10个连队，兵分三路，向四开山残敌发起围攻。

马立训扛着机枪，与战友们一起追击围堵，马不停蹄，连续战斗。经过 4 昼夜激战，歼敌近千人，击伤其副师长牛乐亭，俘敌第 425 团副团长以下 400 余人。

第 142 师残部越过滋临公路，刚逃到费北南的埠崖，就迎面遭到鲁中军区第 2 团的截击，折向邹东地区后，在立山庄又遭尼山独立营的伏击。9 月初，第 142 师仅剩 800 余人，从邹县过津浦路，仓皇逃回其老巢皖北阜阳地区。

至此，李仙洲精心准备了将近 4 年的入鲁反共计划，仅仅 8 个月就以兵溃皖北而告终。

经过连续作战，鲁南军区取得了与国民党正规军作战和各部队协同作战的宝贵经验，费南以及整个鲁南局势出现新的转折。

鲁南军区击败国民党军第 92 军 142 师，刘桂棠见大势已去，便再次率部投入日军的怀抱。

这时，驻山东日军因支援太平洋战场，刚调走了 3 个师团，正愁兵力捉襟见肘，见刘桂棠率残部前来投靠，便欣然"笑纳"。于是，刘桂棠摇身一变，成了和平救国军第10军3师师长，盘踞在费县以南东柱子一带，成为塞在抱犊崮和天宝山抗日根据地中间的一个毒瘤。

炸开东柱子

1943年9月，抗日战争在全国范围内已由战略相持阶段转为战略反攻阶段。

山东军区指示鲁中、鲁南等6个二级军区根据当地的实际情况主动发起进攻，狠狠打击消耗敌人，配合抗日根据地反"扫荡"。

鲁南军区度过了最艰苦的抗战岁月，特别是四开山战役后，部队装备大为改善，士气高涨，求战心切。

彻底消灭伪军和平救国军第10军3师师长刘桂棠残部的条件和时机已经成熟，鲁南军区决定集中优势兵力，全歼刘桂棠残部。

山东军区司令员兼政治委员罗荣桓明确指示：

"务求全歼匪徒，不能再让刘匪本人逃脱。"

刘桂棠也叫刘黑七，出生于山东省费县南锅泉村（今山东平邑县）。早年流窜于山东、河南、江苏、安徽、河北、天津、山西、吉林、辽宁、绥远、热河、察哈尔等十几个省市，烧杀抢掠，奸淫掳掠，无恶不作，老百姓对其恨之入骨。

鲁南抗日根据地军民为了这一天的到来，早就摩拳擦掌开始了各方面的准备，进行了周密而细致的调查研究，派人潜入刘桂棠残部驻地东柱子一带侦察，绘制了其火力配备图。3团还在泗彦一带，进行针对刘桂棠残部的军事训练。

为了麻痹刘桂棠，鲁南军区将其主力部队调往别处，组织武工队和区中队民兵对东柱子一带的刘桂棠残部据点进行袭扰。刚开始，刘桂棠十分警觉，在得知是小股部队后，也就不再在意了。

刘桂棠有听大鼓书的嗜好，鲁南军区便派宣传员化装成说书的，通过东柱子村的地下关系，到刘桂棠残部驻地一边说书一边侦察敌情。经过10多天侦察，对其住处、人数及武器装备等都了如指掌。

战役发起前3天，3团参谋长林毅及连长高志堂、夏天泰化装成老百姓，详细察看了东柱子周围的地形，担任主攻任务的连队干部和骨干也都先后潜入东柱子附近熟悉地形地貌，利用一切机会掌握第一手情报。

刘桂棠残部据守的东柱子村位于费县城南约15公里，三面环山，一面临河，地势十分险要。刘桂棠率两个卫士队、两个重机枪连、一个骑兵连、两个传令兵班及部分家属驻东柱子。其1团和2团分别驻前柱子、后柱子，另两个营分别驻埠下和新庄。

东柱子村分大小两个围子，大围子在外，系一堵不高的围墙。小围子的围墙约有5米高，四面均有突出的大炮楼，中间有一座炮楼，每个大门又有一座小炮楼。小围子墙外铺有高粱秸、墙内设有鹿寨，皆用于防备暗袭。整个村子布防严密，易守难攻。

根据刘桂棠残部的兵力部署及特点，鲁南军区决定，集中3团全部、尼山独立营3个连、5

团和费滕独立营以及军区特务连，共12个连队，由政治委员王麓水亲自指挥，发起讨伐刘桂棠残部的战斗。

王麓水向参战部队强调：一定要彻底地消灭刘桂棠残部，活捉刘桂棠。如抓不到活的，死的也要！

11月15日下午，参战部队誓师会结束后，马立训就与担任主攻东柱子任务的3团战友们伴着满天晚霞出发了。

按照王麓水定下的"声东击西"战术，部队出发时先是朝背向东柱子的方向行进，大家不紧不慢地走着。夜幕降临时，部队突然绕道回头，箭一样地射向东柱子。

马立训和战友刘炳坤、肖春波扛着炸药包，急匆匆地走在行进的队伍中间，他心里盘算着："好你个刘黑七，这回看你还往哪里跑，今天我非要炸烂你的乌龟窝。"

半夜，部队到达了东柱子村周围，埋伏在一片洼地里，等待攻击命令。

狡兔三窟，可狡猾阴险的刘桂棠不止3个窝。

他在苍山、费县一带山区修筑了八九十个窝。为防八路军的"神炮"马立训，每个据点都修有坚固的工事，围墙、炮楼、壕沟，一样都不少，自称是"铜帮铁底"，万无一失。

马立训、刘炳坤、肖春波3名爆破手悄悄爬到连长身边，低声地说："连长，你给我们检查一下，看看炸药包捆得紧不紧。"

连长掂起炸药包试了试，见捆得很紧，插在炸药包上的支撑木棒也很牢，就还给马立训，说："好，一定要把刘黑七的炮楼炸飞。"

连长的话音刚落，3团团部通信员就送来了王吉文下达的战斗命令，当即命令马立训："出发！注意隐蔽，炸掉炮楼。"

"是！"马立训应声回答后，便抱着炸药包一跃而起，猫着腰向前冲去。

当马立训冲到一个土堆跟前时，突然听到炮楼里的守敌大喊："八路来啦！八路来啦！那不是吗，看见了没有？"

另一个守敌接着回答："看见啦！看见啦！"接着，"砰""砰"几声枪响，子弹从马立训的头上飞过。

马立训连忙卧倒，心想："糟了，准是被守敌发现了。"

守敌咋呼一阵后，再没有开枪，四周也没有别的动静。

马立训顿时明白了，守敌并没有发现他，只不过是开枪壮胆，便又悄悄地向前移动。

就在这时，柱子村的西南方向响起了激烈的枪声。马立训知道，这是兄弟部队在另一个方向打响了战斗。

枪声一响，炮楼和圩墙上的守敌立马警觉起来，伸头探脑地四下观察，很快就发现正在向圩墙行进的马立训，随即抬枪射击，机枪、步枪一齐射向马立训。

密集的子弹压得马立训趴在地上抬不起头来。他借着月光，见身边有条小沟，便一个翻滚下了沟，沿着沟底往前爬。哪知，守敌紧紧盯住了他，他走到哪儿子弹就追到哪儿，机枪一梭子又一梭子扫射，一串串子弹带着咻咻的声音，在他的头顶飞过。

连长一见这情况，立即大声命令："机枪，掩护！"

连队的几挺机枪尽管火力全开，但无奈守敌的工事坚固，射孔密布，你封锁住这个射孔，他就换用那个射孔，不停地往外射击。

马立训趴在沟沿上，十分焦急：快要到手的"乌鱼精"，决不能叫他溜掉。就是牺牲自己，也要炸开圩墙，为突击队打开前进的道路。

关键时刻，马立训的副手刘炳坤上来了。马立训吩咐他说："我们跳到外壕里去，那里敌人机枪扫不着，好接近敌人。"说完，他俩向前爬了一段，猛地一跃，跳进了守敌的外壕。

守敌怕马立训接近炮楼，就拼命地向外壕里投掷手榴弹。

这时，马立训观察到，把炸药包放在炮楼和圩墙的接合部，不仅能把圩墙炸个缺口，还能把炮楼炸飞。可守敌的火力封锁太严密，实在难以接近。于是，马立训吩咐刘炳坤把守敌的火力引开。

刘炳坤从腰里掏出两颗手榴弹，顺着壕沟

向左边跑出几十米，随手把手榴弹扔到守敌的圩墙上。

狡猾的守敌没有中计。除掉转枪口对付刘炳坤外，仍然有两挺机枪轮番向马立训的隐蔽处扫射。

马立训正在想主意时，一发子弹"嗖"的一声，打穿了他的帽子。他心里不禁一亮，弯腰捡了个树枝，把帽子挑起来，顺着壕沟向右跑出几十步，猛地把帽子挑出来，插到沟沿上。

这次，守敌上钩了。有敌人惊慌地指着马立训的帽子叫喊："弟兄们，快来呀！八路从这边打上来了。"

守敌的机枪、步枪、手榴弹一齐向帽子打来。

马立训见守敌中计，急忙抱起炸药包，几个箭步冲到圩墙下，并迅速引爆了炸药包。

"轰隆"一声，圩墙被炸开了个大缺口，炮楼也被炸塌了半边。

冒着硝烟，主攻部队迅猛冲进寨内，与守敌展开了激烈的巷战。

整个大围子枪声、喊声混成一片。守敌迅速

瓦解，纷纷缴械投降。

剩下的守敌残部都退守小围子。小围子的工事比大围子坚固得多，守敌仗着工事继续负隅顽抗。

王吉文当即命令，马立训对小围子东门实行爆破，刘炳坤对围子东南门实行爆破。

马立训、刘炳坤接到命令后，冒着守敌的凶猛炮火，在战友们的火力掩护下，分别成功地将40斤重的炸药包送到了爆破位置。

伴着接连两声山崩地裂的巨响，东门和东南门同时炸塌了。

随着密集的手榴弹爆炸声和枪声，3连和5连同时发起冲锋，指战员们迅速从爆破豁口冲向小围子。

这时，守敌进行疯狂反击。刘桂棠卫士队员一手持枪，一手持刀，嘴上吼叫着，拼命涌向豁口，妄图将3连和5连指战员们赶出小围子。

战斗进入白热化状态。

马立训手疾眼快，将随身携带的小炸药包投向敌群，炸得卫士队员鬼哭狼嚎。其中，有一个炸药包炸燃了守敌的马棚，顿时火光冲天，受惊的百余匹战马狂嘶乱叫，挣脱缰绳，四处狂奔。

小围子杀声震天，刘桂棠残部乱作一团。

3团指战员们前仆后继，越战越勇。伴随着冲锋号声，直捣刘桂棠司令部。

至24时，战斗胜利结束。

刘桂棠盘踞的东柱子被拿下了，西柱子、相家庄、宋家山、米家崮、计北崖、刘庄等据点也同时被攻克，救出了被抓去的500多名壮丁、民工和妇女，缴获战马70余匹，还有大批的枪炮子弹。

此役，俘虏刘桂棠残部1440多人，击毙224人，唯独不见刘桂棠本人。

"这个刘黑七是上天了，还是入地了？"王吉文望着站满围子的俘虏，自言自语道。

"这个老狐狸，难道又溜掉了？"王吉文身边的人反问道。

"查！细细地查！从死人堆里查起，一个一个地查，查他个水落石出！"王吉文果断下令。

可查了大半天，仍然毫无结果。就在大家失

望的时候，有人说："找到刘黑七了，不是活的，是死的。3团4连通信员何荣贵把刘桂棠打死了。"

原来，这天晚上，刘桂棠正由小老婆陪着在东柱子小院里抽大烟，忽听外边枪声骤起，连忙丢下烟枪，摸出手枪，披上棉袍，带上一名卫士和一名书记官躲进炮楼。他观察了一会儿，断定这次是八路军的主力部队到了，深感大事不妙，便带着身边那两个人跳墙逃跑了。

危急之时溜之大吉，是刘桂棠几十年来化险为夷的"绝招"。可他没有料到，这次"绝招"不行了，溜不掉了。他刚跑到西门外，就遇到了埋伏在那里的4连指战员。

4连的任务是警戒，肩负着阻击援敌、截击突围逃窜敌人的重任。当主攻部队攻下大围子又向小围子发起攻击时，他们发现有3个黑影顺着小围子高墙而下，向他们阵地跑来。等靠近时，一名战士抬手就是一枪，跑在前面一个人应声倒地，另一高一矮两人见状慌忙转向东边跑去。指导员耿春涛和战士徐振良当即追了上去，送信归来的连部通信员何荣贵紧随其后。

何荣贵来自莱芜山区，刚满18岁，血气方刚，参军后练就了一副攀山越岭的好身板。他紧盯着手提驳壳枪飞快逃窜的矮胖子，距离只有四五十米了，何荣贵打了一枪，没中。矮胖子爬上一道地堰，回头向何荣贵打了一个连发，子弹贴着他身边飞过。何荣贵奋不顾身紧追不舍，眼看就要追上了，矮胖子弯身捡起一块石头打来，正砸在何荣贵胸上。何荣贵当即意识到："这家伙没有子弹了。"他忍痛跃起直追。这时，矮胖子趁何荣贵摔倒的刹那，与他拉开了距离。何荣贵在后面紧追不舍，身上又挨了矮胖子一石头。他陡然意识到：夜间打石头这么准，一定是刘桂棠，一定要抓住他。

矮胖子没命地奔跑。何荣贵想，老是这样追下去也不是办法，干脆干倒他。当矮胖子吃力地爬上一道地堰，又要弯身捡石头时，"乓乓"两声枪响，矮胖子应声重重地摔倒在地。何荣贵跑过去一看，发现这家伙死了，子弹正中后脑。何荣贵遗憾地说："就这样死了，真是太便宜你了。"

听见枪声，连长夏天泰、指导员耿春涛赶来。

经辨认，死者就是刘桂棠。只见他，大圆脸，金鱼眼，黑毛满胸，粗短的手指张开着，不整的内衣挂在身上。这个横行中国 10 余省市、流窜近 30 年的残暴伪军，双手沾满人民鲜血的混世魔王，鲁南抗日根据地的心腹大患，终于被击毙了。

鲁南人民奔走相告，拍手称快，敲锣打鼓，燃放鞭炮，热烈庆祝铲除刘桂棠的巨大胜利。

喜讯传到延安，第二天，新华广播电台新闻节目每 4 小时广播一次鲁南军民击毙汉奸刘桂棠的消息。

《解放日报》也发表了《山东军民反扫荡胜利》的社论——

"击毙混世魔王刘桂棠，为山东人民除了大害，为中华民族伸张了正义，特别值得大书特书。山东军区特令嘉奖了鲁南参战部队。"

"多年来，受刘匪之害最深重的鲁南人民，家家庆贺，人人称快。各地立即掀起了祝捷拥军热潮，百姓们纷纷前来慰问参战部队。几十年来压在人民头上的大山掀翻了，笼罩在人民心头的魔影消逝了。"

扬威天井汪

　　鲁南军区第3团部队全歼刘桂棠部，根据地人民喜气洋洋。可是，占据费县天井汪地区的伪军和平救国军第10军军长荣子恒部仍然在为非作歹，祸害抗日根据地。

　　荣子恒原是国民党第57军112师副师长兼334旅旅长，1943年6月率部投靠日军，被编为和平救国军第10军，所部3000余人，盘踞在鲁南崮口山区一带。

　　崮口山区与天宝山区、抱犊崮山区互为犄角，是鲁南军民重要抗日根据地之一。荣子恒控制该山区，被日军视为"鲁南的支柱"，严重威胁着鲁南抗日根据地的安全。

说是"和平救国军"，其实是"挂羊头卖狗肉"。这支部队不仅是汪精卫汉奸卖国集团的军事支柱，还是日本帝国主义在其占领区实行法西斯殖民统治的重要工具，鼎盛时期曾有 42 个师、5 个独立旅及 12 个独立团，仅正规军就有 40 余万人，各种名目的伪军在 80 万人以上，被日军用来专门对付共产党领导的八路军、新四军和各种革命武装。

荣子恒投靠日军后，被委以和平救国军第 10 军军长兼第 1 师师长，原国民党军第 51 军 113 师 337 旅 674 团团长刘国桢出任和平救国军第 10 军 2 师师长。驻扎在鲁南崮口山区天井汪等地，唯日军马首是瞻。

根据日军的旨意，荣子恒一马当先，杀进八路军抗日根据地，侵占了比较富裕的产粮区——崮口山区（今费县马庄镇、芍药山一带），将费县、边联县（今归兰陵县）两块根据地分割开来，奸淫烧杀，无恶不作，与日军相互呼应，协同作战，犯下累累罪行。

为彻底改变鲁南根据地被分割、被"蚕食"的被动局面，鲁南军区发起了讨伐荣子恒部的天井汪战役，歼灭其第2师刘国桢部，解放其盘踞的崮口山区。

　　1944年5月1日，鲁南军区决定：集中第3团、第5团及尼山独立营等部队，共17个连队，兵分3路，在其他部队支援掩护下，奔袭驻扎在天井汪的刘国桢部。

　　出发前，政委王麓水进行了简短的战斗动员。他说："荣子恒卖国求荣，与人民为敌，绝没有好下场。年前，我们灭掉了刘桂棠，今天我们一定能歼灭刘国桢。胜利永远属于英勇的鲁南军民。"

　　动员结束后，王麓水特意走到马立训面前。见马立训背着用雨布裹着的炸药包，手提轻机枪，满意地点了点头，握着他的手说："你是3团的一门'神炮'，也是我们鲁南军区的一门'神炮'。不出手便罢，出手就要炸出大动静来。希望你为抗日再立新功。"

　　马立训激动地赶紧立正、敬礼，高声向王麓水表态："请首长放心。1连机枪班决不辜负首长

的信任，多杀敌人，多打胜仗。"

是夜，狂风大作，大雨倾盆。

王麓水亲自率领部队主力，顶风冒雨，奔袭天井汪。他们避开刘国桢部重兵设防的正（西）面，秘密迂回其侧后（南、北两面），将天井汪的刘国桢部司令部团团包围了起来。

天井汪是崮口山区一个很有名气的地方，四面环山。南面有泉安子北山、独角山，西面有柱子山、几辈崖、梅齐崮，北面有宜子山、鱼林山、红山，东面有银子山、虎头山。四周高、中间低，是个小盆地，整体地势西高东低。伪和平救国军第 10 军荣子恒部盘踞于此，分割了费南、边联（县）两块抗日根据地。

"天井"是古代军事术语。在古代军事著作中，把四周为山、中间低洼的地形称作"天井"。少年毛泽东曾写过一首《吟天井》："天井四四方，周围是高墙。清清见卵石，小鱼囿中央。只喝井里水，永远养不长。"这首通俗易懂的小诗，形象生动地描绘出"天井"的地形特征。

子夜时分，鲁南军区部队披风挟雨进入天井

汪地区，从南北两个方向向刘国桢部驻地发起了猛烈攻击。

刘国桢得到报告后，有些发蒙：这百十里路，大风大雨的天，八路军怎么说到就到了呢？激烈枪声响起的方向，正是他防守薄弱的地方，八路军怎么选得这么准？还没有等他想出个所以然来，伪军第2师的防御已全线崩溃。

5团攻破天井汪的伪2师师部，据点守敌狼奔豕突，猬集在碉堡负隅顽抗。

3团歼灭伪2师驻莲花庄、官庄守敌后，疾速赶向天井汪。

尼山独立营攻打伪2师驻核桃湾的守敌后，也正在向天井汪靠拢。

鲁南军区各攻击部队完成任务后，陆续会集到天井汪，围歼伪2师师部，坚决不让刘国桢溜掉。

这时，5团与伪2师天井汪守敌激战正酣。一座10余米高的4层碉堡挡住了进攻道路，火力密集，交叉射击。虽然连续组织了4次爆破，但都未能接近碉堡。

双方对峙之时，3团指战员匆匆赶到了。

马立训听说有座碉堡还没有拿下，心里乐了："好啊，看来是等我来收拾他们了。"

王麓水把炸碉堡重任交给了善于攻坚的3团，王吉文又把任务交给马立训所在的1连。

1连连长受领任务后，坐镇机枪班，指挥4名机枪射手，集中扫射碉堡，封锁碉堡射击孔。

马立训抱起炸药包冲向碉堡，时而匍匐，时而翻滚，时而跃进，战术动作行云流水，刚毅果断。在距离碉堡还有八九米的时候，他突然卧倒在地，微微抬起头朝前面看了一眼，就一眼，便选好了爆破点。然后，他举起帽子挥了挥，身后的战友心有灵犀，4挺机枪顿时停止了射击。

就在这一瞬间，马立训纵身将炸药包送到了碉堡前，随即点燃了导火索。一缕黑烟过后，就听到一声惊天动地的炸响，碉堡顷刻间垮塌了。

3团和5团指战员们潮水般涌了进来，搜索残敌，追歼逃敌，把天井汪搅了个底朝天。

战至5月2日晚，鲁南军区部队攻克伪2师师部，并在追击战斗中全歼伪2师，击毙伪2师师长刘国桢。随后，又乘胜歼灭了伪军第1师2

团主力。

荣子恒带着伪军第10军残部，狼狈不堪地逃向费县、临沂，年底移驻泗水城，妄图凭借坚固的泗水城，与靠近津浦路的滋阳（兖州）、曲阜两个据点遥相呼应，互为支撑，以苟延残喘。

天井汪战役结束以后，马立训光荣地加入了中国共产党，并被提升为第1连2排排长，所在3团政治处将他的英雄事迹整理成材料，呈报山东军区。

炮轰庞庄

伪军王凤林在刘桂棠、刘国桢相继被八路军消灭后，也怕八路军用"神炮"轰开他的庞庄据点，就从周围村庄抓来了几百名老百姓，在庞庄四周筑起了一道高约10米、厚约3米的土圩子。圩子的门楼上还建了个15米高的炮楼，楼顶上建有瞭望台。圩子外面还挖了宽约3米的大壕沟，放满了水，壕沟外是铁丝网，网外是一道鹿寨。

庞庄是平（邑）城（后）公路上的一个伪军重要据点，驻有王凤林部 180 余人。经过多年的经营，王凤林部构筑起了完备的工事，王凤林得意忘形吹嘘他的据点是"铁打的庞庄"，八路军的"神炮"轰不动。

为打破王凤林部对抗日根据地的封锁，鲁南军区决定拔除庞庄据点，彻底消除伪军对抗日根据地的威胁。爆破攻坚任务毫无悬念地落在了擅长攻坚的 3 团 1 连指战员肩上。

这是马立训入党、提干后参加的第一次战斗。角色的转换，让他感到肩上的担子重了，思考的问题多了，他要带领一个排去完成战斗任务。

马立训受领任务后，同肖春波、刘炳坤等爆破手进行了化装侦察。他们根据庞庄圩墙厚实的特点研究了爆破方法，计划用大炸药包炸开庞庄的圩门，为突击部队打开前进的道路。

5 月 24 日夜，万籁俱寂。王凤林正做着黄粱美梦，马立训带领的爆破队已趁暗夜掩护潜伏到庞庄据点附近。

凌晨 2 时，战斗打响。

1 连爆破手肖春波借着夜幕的掩护，将第一个炸药包送到了圩墙外的鹿寨下。"轰"的一声巨响，鹿寨裹挟着树枝飞上了天。

趁着炸药四散激起的烟尘，另一位爆破手刘炳坤抱起第二个炸药包冲了上去。随即又是一声巨响，据点的铁丝网被炸开了。

紧接着，马立训出场了。第二次爆破响声刚过，他就抱起一个七八十斤重的大炸药包，一头钻进了硝烟中，直扑连接据点的吊桥。

被爆破震醒的守敌惊恐万状，高声大叫："八路攻上来了！快，快拉吊桥！"

说时迟，那时快，只见马立训一个箭步冲上刚要拉起的吊桥，飞身把大炸药包放到了圩墙门楼下面。

马立训的一连串战术动作干净利落，门楼上的守敌还没有反应过来，就听"轰"的一声巨响，连同半个门楼一齐被送上了天。

王凤林自封的"铁打的庞庄"，顷刻间被"神炮"炸成了"豆腐渣"。

嘹亮的冲锋号响起来了。

3团勇士冲进了"铁打的庞庄"，只见满地狼藉，守敌有的被炸死，有的被埋在土里，有的被吓蒙了乱跑乱窜，失去了抵抗的能力。此战，俘敌80余人，残余顽敌分散藏匿潜逃。

9时左右，邹城城后据点的日伪军80余人增援庞庄。

3团1连和2连等奋起阻击，越战越勇，仅20余分钟，就击毙日军20余人，俘日军2人、伪军30余人。援敌见付出惨痛代价仍不能前进半步，只好鸣金收兵，狼狈返回了城后据点。

进入6月，鲁南军区第3团恢复营级建制，由第1军分区兼第3团。王吉文任司令员兼团长，杨士法兼政委，刘春任副政委兼政治部（处）主任，统一领导3团和费南、温河、邹县、曲泗独立营及双山县大队，开展对敌斗争，巩固扩大根据地。

马立训继续在3团1营1连2排排长的岗位上，书写他"神炮"的新传奇。

荣获英雄称号

1944年，马立训三喜临门，继5月加入中国共产党、提升为排长之后，7月又被鲁南军区第3团推荐参加山东军区第一次战斗英雄、民兵英雄代表大会。

面对接踵而来的荣誉，马立训心潮澎湃，思绪万千。从一名孤儿童工、八路军普通战士，再到八路军的班长、排长，他历经坎坷，饱经磨难。没有共产党领导的八路军，就没有他的今天；没有八路军山东军区这个家，他还是一个四处漂泊的孤儿。正是有共产党的正确教育培养，他才能在山东敌后抗日战场上大显身手。

山东军区给了马立训抗击日本侵略者的广阔舞台，马立训也见证了山东军区的发展壮大。

山东军区的前身是山东纵队。马立训成为一名光荣的八路军战士时，山东纵队才成立一年半。

在此期间，八路军第115师各部相继入鲁，与山东纵队一起并肩作战，陆续建立起了冀鲁边、鲁西、泰西、湖西、鲁中、鲁南等抗日根据地。1942年8月，山东纵队司令部与第115师司令部合署办公，改称山东军区，成为敌后抗战的一支重要力量。至1944年7月，敌我斗争形势发生了新的变化。八路军、新四军及华南人民抗日游击队各部，在华北、华中、华南敌后对日伪军展开了局部反攻。

这一年，山东军区对日伪军连续发起了春、夏季攻势作战和即将展开的秋、冬季攻势作战，扩大根据地，缩小敌占区，打通和改善各战略区的联系，夺取有利的反攻阵地。

为鼓励敌后抗日根据地的军民奋勇杀敌，山东军区决定召开第一次战斗英雄、民兵英雄代表大会，表彰光荣立功的先进集体和个人，为进行局部反攻和迎接即将开展的全面反攻激励士气。

这天，第3团政治处收到山东军区关于召开英模大会的通知，马立训、何荣贵、林茂成等将出席这次英模会。喜讯临门，3团指战员高兴地欢呼起来，团长王吉文更是激动得热泪盈眶。他们都是自己带出来的英雄模范，是3团的骄傲。

7月下旬的一天，马立训、何荣贵、林茂成等英模代表全副武装，喜气洋洋地与战友话别，前往滨海军区莒南县坪上镇会务处报到。

驻地村头，战友们深情地拉着马立训等人的手，一再叮嘱代他们向首长问好、表达奋勇杀敌的决心。

坪上镇人民政府驻坪上三村而得名，位于山东省东南部，地处两省三市交界、黄海之滨，是临沂市的东大门。

马立训等人到坪上镇报到后，会务处李参谋向他们介绍了大会的日程安排。傍晚，他们接到大会秘书处通知，第二天军区首长要来看望大家。马立训和代表们都兴奋极了，刚吃完饭就在驻地观看扭秧歌，情不自禁地一同哼唱起熟悉的沂蒙山小调，沉浸在一派欢快气氛中。

第二天上午9时，在一间宽敞的会议室里，山东军区政治部主任萧华等领导接见了英雄代表们，同大家一一握手。当他走到马立训面前时，一边同马立训紧紧握手，一边笑着夸赞道："我终于见到传说中的'山东爆破大王'了。小伙子，你真厉害啊，听人说连小鬼子都怕你嘞。"

马立训激动得满脸通红，摸着头脑腼腆傻笑，不知说什么好。

接着，萧华转达了山东军区司令员兼政治委员罗荣桓的问候，并介绍了当前所面临的形势和任务。他说："目前，抗战形势十分喜人，战争已进入第三阶段。在党中央和毛主席领导下，我们在华北、华东等战场上取得了一个个辉煌的胜利，歼灭了大批日伪军，巩固扩大了抗日民主战线。你们，血战在最前线的英勇战士，以令人钦佩的战斗精神抗击日寇，为人民立了大功。希望同志们团结奋战，直到把鬼子全部赶出中国去！"

全场掌声雷动。

马立训和英雄代表们纷纷立誓杀敌报国，决不辜负首长们的期望，决不辜负山东人民的重托。

8月2日，英模大会在坪上镇一片绿茵茵的草坪上举行。临时搭起的主席台被红旗、标语、野花装饰一新，喜气洋洋。

会上，罗荣桓作了重要报告。山东军区副政治委员黎玉、政治部主任萧华出席。

通过严格的评审程序，大会选出甲、乙等战斗英雄各 22 名，民兵战斗模范 237 名，战斗模范村 33 个。

马立训以爆破攻坚克难的突出战绩，被评为"甲等战斗英雄"。击毙汉奸刘桂棠的何荣贵也被评为"甲等战斗英雄"。林茂成被评为"乙等战斗英雄"。

鲁南军区第 3 团英雄辈出，他们的英勇事迹鼓舞着英雄部队。

8 月 18 日，表彰盛会圆满结束，代表们载誉而归。

马立训和战斗英雄们肩负时代重任，马不停蹄地赶回部队，参加根据地正在进行的局部反攻。

空爆沙沟崖

　　1945 年，中国人民抗日战争进入最后阶段，战略反攻持续展开。

　　占据临沂城一带的国民党鲁苏战区游击独立第 27 支队司令王洪九，见一个个日伪军的炮楼、据点被八路军送上了天，惶惶不可终日，到处张贴布告，通缉"神炮"："凡缴'神炮'者，重赏大洋 500 块。缴炮弹者，赏大洋 300 块。窝藏'神炮'者，满门抄斩。"

　　直到抗战快要结束了，王洪九还没有弄明白八路军的"神炮"是怎么回事，他想当然地认为传得神乎其神的"神炮"可能是一种先进武器，杀伤力极强，让日伪军防不胜防。

王洪九派出密探四处打听，这才得知八路军的"神炮"姓马。于是，他下令各据点把姓马的老百姓都抓起来审查，最后也没查出谁是"神炮"。

王洪九是临沂沙沟崖村人，出身于小地主家庭，先后就读于山东省立临沂五中、济南军官学校，回原籍后参加过民团，独霸一方。七七事变后，他打出"打日寇，保家乡"的旗号，组织了临（沂）费（县）边境抗日联庄会，自任会长。时间不长，就被国民党收编为山东第3区保安第17支队，活动于临、费、苍边区，逐渐暴露出假抗日、真反共的面目，不断破坏统一战线，捕杀八路军干部及家属。当上国民党鲁苏战区游击独立第27支队司令后，王洪九更加积极反共，为虎作伥，胡作非为。1944年9月，他又与日寇勾结在一起，当起了"铁杆汉奸"。

王洪九坏事做尽，心虚胆怯，怕"神炮"打到自己头上，遂命令据点加固炮楼工事，严防"神炮"袭击。他盘踞的据点围墙，都用双层土坯构筑，在墙脚下堆上厚厚的积土，形成坚固而滑溜的斜坡，企图阻止八路军进行爆破。

针对王洪九修筑的特殊工事，马立训很快想出了"空爆法"，即把炸药捆在云梯上，专炸守敌炮楼的上部。

马立训的建议得到了团长王吉文的大力支持。

1945年3月29日，3团1营1连奉命攻打临沂马厂湖镇寿衣庄日伪军据点。

马立训决定拿这个据点当"空爆"的"试验场"，检验一下效果。为确保"空爆"成功，1连组织了火力组和投弹组，掩护马立训实施"空爆"计划。

战斗开始了，马立训带领"空爆"组的12名战友，抬着云梯和炸药包冲到炮楼前。只见马立训紧紧握住云梯上的支撑杆，将云梯搭在炮楼顶上，然后拉响了由绳子连接的导火线。

"轰"的一声，只见尘土飞扬，炮楼却纹丝不动。

第一次"空爆"没有成功。原来，由于炸药包太重，云梯竖起来偏斜了，也就炸偏了地方。

马立训将"空爆"组撤回阵地，在云梯上加了两条支撑杆，增加云梯的稳定性，也便于控制云梯的方向。一切准备妥当，他带领"空爆"组再次冲向炮楼，指挥战友将云梯牢固地支在炮楼上。之后，他拽动导火线的拉绳，只听一声巨响，炮楼顿时开了一个"天窗"。

"空爆"成功了。

炮楼上的守敌死的死，伤的伤，残敌无心恋战，举手投降。

刚攻克寿衣庄日伪军据点，马立训就接到王吉文的命令，让他立即赶到六七公里外的沙沟崖，配合1营完成拔点作战。

沙沟崖是王洪九在临沂义堂镇修筑的又一个重要据点。

王洪九见一个个炮楼、据点被八路军炸掉，就带人到八路军炸毁的据点"调研"，察看工事毁坏的情况。他发现八路军的"神炮"打下不打上，炸点都选在炮楼的脚下，顿时脑袋"开了窍"："你既然打下，那我就把圩墙和炮楼的下边砌得厚厚的，把脚抬得高高的，看你们能怎么办？"修筑寿衣庄据点工事时，他就是这么考虑的。

对于沙沟崖据点，王洪九花的心思更多。他把防御工事修得特别复杂和坚固。外围是一条3丈多宽的壕沟，沟顶上是双层圩墙，墙上布满枪眼。双层圩墙中间有掩蔽部，正中有个大炮楼，炮楼上有通道，一直通到壕沟。同时，用3个暗堡封锁通向村内的道路。王洪九还派了一个装备精良有200多人的大队驻守在那里，负隅顽抗。

为顺利攻下沙沟崖据点，1营成立了由马立训负责的爆破组，决定参照爆破寿衣庄炮楼的方法，炸开沙沟崖。

战斗打响的那天晚上，爆破组先后送上去了两包炸药，但都从据点圩墙下的滑坡上滚了下来，无功而返。

营、连指战员们都很着急，马立训更着急。他想："光急不行，得拿出办法来。"他招呼爆破组成员围在一起，召开战地诸葛亮会，商量爆破的办法。

这时，张营长和李教导员走了过来。张营长一见马立训就说："你看王洪九把炮楼的脚抬得很高，炸不倒炮楼，我们攻击使不上劲啊。"

马立训对营长说，他们想出了一个"空爆"的办法，打寿衣庄时用过，证明可行。

营长和教导员听了马立训的介绍后，都说这个办法好，就叫他们马上动手准备。

"空爆"开始了。

刘炳坤把捆在长竹竿上的炸药包举到据点炮楼的顶端，可还没等他引爆，一个守敌见状上前用刺刀一扫，炸药包掉进了壕沟。

这时，从炮楼跑出来几个守敌，拼命去抢那个炸药包。马立训和爆破组的战友们连忙开枪，虽然打死了两个守敌，但炸药包还是被守敌抢跑了。

傍晚，远方传来了枪声，守敌的援军来了。

据点守敌见自己的援军快到了，又抢到了八路军的炸药包，胆子就更壮了，不住地嚣张叫骂。

马立训气得头上青筋暴起。

肖春波忽然想到一个办法，便说："不如咱们像挖煤矿一样，挖个洞进去炸掉它！"

提起挖煤矿，马立训再熟悉不过了。他在井

下待了６年，经常与炸药打交道，肖春波的话提醒了他。他与战友们商量后，决定用煤矿井下支撑炸药包的办法，将炸药绑在一个高高的三脚架上，实施另一种形式的"空爆"。

张营长当即调来一个机枪组、一个投弹组，配合１连的火力，掩护马立训进行"空爆"。

马立训、肖春波、刘炳坤分别带一个小组，共９人，每组扛一根竹竿，向据点的炮楼冲去。守敌见了，拼命射击，但被１连的火力压制住了，无法阻挡马立训爆破组的前进。

马立训他们很快越过壕沟，把三脚架支在炮楼的跟前。

这时，守敌心里非常恐慌，拼命地向马立训射击，子弹从他耳边"嗖嗖"飞过。但马立训全然不顾，他当即拉着了导火索。

战友们见导火索"哧哧"地冒着火花，马立训还抱住竹竿不放手，就急切地大叫："排长，快放手！要炸响了！"

"只要俺没牺牲，就要为部队打开通向胜利的大门！"这是马立训在山东军区英模代表大会上向

党组织表示的坚定决心。他担心守敌再把三脚架推倒，仍旧抱住竹竿不放。只见他昂首屹立，紧抱住竹竿，默默在心里数着一、二、三……就在炸药要爆炸的一瞬间，他就地往外翻滚了几步。

"轰"的一声，浓烟滚滚，尘土飞扬，王洪九苦心营造的高脚炮楼被炸塌了。

张营长一声令下，1营突进了沙沟崖，于4月3日上午全歼沙沟崖据点守敌。

在庆祝沙沟崖战斗胜利的大会上，鲁南军区政委王麓水表扬马立训说："同志们，乡亲们，我们目前虽然没有大炮，但马立训同志熟练的爆破技术和无畏的革命精神，能使炸药包发挥出大炮的威力。他一个人就炸死日伪顽军500多人，三四十处碉堡炮楼。我们要向英雄马立训学习！"

随即，鲁南军区政治部宣传队编了个快板，队员们兴高采烈地唱道——

八路军，世无双，

马立训的"神炮"威力强。

声声爆破赛霹雳，

道道焰火似电光。

狼窝被轰二十多，

五百多敌人见阎王。

英雄事迹传万代，

爆破大王英名扬。

攻打泗水城

抗战后期，伪军和平救国军第 10 军军长荣子恒在崮口山区及天井汪等地遭山东军区的沉重打击后，残部由费县转而驻扎泗水城，妄图凭借坚固的泗水城与靠近津浦路的滋阳（兖州）、曲阜两城相呼应的有利条件苟延残喘。

荣子恒遭山东军区部队多次打击，要不是他老奸巨猾，脚底抹油逃得快，早就一命归西了。不过，他现在已经无处可逃了，也逃不了了，泗水城就是埋葬他的坟墓。

泗水城是山东著名古城，位于泗水之滨。

孔子出生地尼山，即属泗水，后划归曲阜。因此，泗水又称圣源。日伪军侵占泗水城及周围杨家庄、故县、寺台等地后，鱼肉百姓，胡作非为，使物阜民丰、商贾云集的泗水名城变得疮痍满目、民不聊生。

荣子恒率残部 1800 余人逃进泗水城后，坚守不出，负隅顽抗。

为了扩大解放区，打乱日伪军的"重点守备"部署，根据山东军区"克复山东第十个县城"的指示，鲁南军区第 1 军分区兼 3 团决定集中兵力攻克泗水县城，彻底歼灭荣子恒部。

攻城之前，第 1 军分区参谋长林毅率领团营连 3 级干部和准备担任爆破任务的班长骨干，换上便衣，到泗水城外察看地形。路上，马立训得知 1 连将担任主攻任务，便抢先向副连长提出："爆破攻坚任务是我们 2 排的，谁也抢不去。我们保证圆满完成任务。"

团里动员后，营里又召集各连干部和部分排长深入研究敌情，讨论并确定各连的攻击任务。马立训将手画的作战地图放大，分发到各个战斗小组，让大家明白进攻方向目标和自己的突击路线。

在讨论具体打法时，马立训预先想到了几种可能发生的情况：假使飞行爆破不成功怎么办？如果敌人反冲锋怎么办？让大家战前往最坏处想，以便战斗中往最好处争取。他对突击组成员进行了"补课"，第一包炸药如何送，如果不奏效第二包炸药如何送等，准备工作细致缜密。

第1军分区提出，攻打泗水战斗中，各部队练兵模范要变为战斗模范，巩固模范称号；互助小组要变为战斗小组，创造模范互助组。此时，马立训的1连2排和3连2排之间的练兵竞赛还没有进行总结，他趁机提出两个2排在战场上再比一比，掀起了班排个人之间的竞赛，"是英雄，是好汉，攻城战斗比比看"。

临战准备有条不紊地进行着。山东军区很快批准了攻打泗水城的作战部署：鲁中军区第3军分区兼第9团围歼故县之敌，邹县独立营破袭曲阜东南公路，并阻击曲阜出援之敌，费县（原费南县）独立营包围监视泗水城东杨家庄之敌，鲁南军区第1军分区兼第3团主攻泗水城，力求全歼荣子恒部。

第3团团长王吉文决定1营主攻泗水城，歼灭城内之敌；2营肃清泗水城南关之敌；3营位于泗水城东北部，负责阻击援敌。

负责主攻的1营随即向各连分配了具体的战斗任务：1连由西门爆破突击，成功后，负责攻打驻文庙的荣子恒司令部；2连由西门北面架梯登城，突破后控制北门；3连待1连突破后，跟进直扑伪县政府。

1945年2月1日晚10时20分，泗水城战斗打响。

1营迅速逼近城下，1营1连和2连按部署同时攻城。

泗水城四周是又高又厚的围墙，围墙上筑有许多炮楼。1营第一次攻打这样坚固的炮楼。城外挖有护城河，西、南二关还有深深的封锁沟，西门两侧有独立的地堡，城内敌人兵力多配置于城楼及制高点上，荣子恒的司令部设在城内文庙，日军顾问、伪县政府及县大队驻在东西大街西首的旧衙门内。

当马立训带着爆破组进入泗水城西关时，情况发生了变化。荣子恒这天恰巧在西关增加了一个连的防守兵力，这就打乱了1连直接爆破西门、突入城内的战斗部署。马立训只好改变爆破计划，带领爆破组跟连队其他战友一起，与西关守敌展开争夺战。

3连闻讯前来接替1连围歼西关守敌，1连集中力量强爆西门时，2连已在西门北面架梯登城成功。

原来，2连听到1连在西关与守敌接上了火，当即组织登城，1排迅速登上城头。待2排和3排登城时，因梯上人过多，云梯压断，未能继续跟进。已经登城的分队迅速控占西城楼，打开西门，1连、3连及2连两个排迅速入城，按照任务分工投入战斗，展开激烈巷战。

1连入城后，马立训端着机枪冲锋在前，与战友们一起，直捣荣子恒的军部，俘虏其大部。

3连入城后，即向伪县政府进攻，歼守敌一部，余部固守在院内一座高楼内负隅顽抗。

此时，2营亦顺利突入南关。

激战至翌日中午 12 时，除伪县政府和东、南两城门 3 个地方外，城内大部已被 3 团部队占领。

下午 1 时，驻曲阜日伪军前来增援，2 营出城打援，将其击溃。

傍晚 7 时，3 团向困守在伪县政府和东、南门 3 处守敌发起总攻。这 3 个地方工事都比较坚固、火力配备完整，尤其是伪县政府高楼，兵力多火力强，驻有日军指挥官石川、顾问长泽及伪县大队近 200 人。

团长王吉文现场观察地形后，决定从西北角对伪县政府高楼实行爆破。

马立训当仁不让地抢到了爆破任务。

从出击地到高楼有一段五六十米长的开阔地，被高楼守敌严密封锁。

马立训派出的第一名爆破手在通过开阔地时中弹负伤，他见状没有丝毫犹豫，奋力跃出掩体，飞速冲过去，接过 60 斤重的大炸药包，冒着守敌的弹雨朝着高楼方向冲去。

王吉文亲自指挥火力掩护，十几挺机枪猛烈

开火，压制住了守敌的火力。

透过朦胧的夜色，只见马立训以他那熟练的动作，敏捷的步伐，忽东忽西，忽进忽停，蜿蜒前行。子弹从他身边呼啸而过，但他毫不畏惧，勇往直前，向伪县政府高楼步步突进。

40米，20米，10米……眼看就要接近高楼时，马立训突然伏地不动了。几秒钟过去，仍未见他起来的身影。

张营长的心骤然紧张起来，目不转睛地望着马立训趴下的地方，猜测着可能发生的不幸。

时间一分一秒地过去，战友们的心越来越紧张，都替马立训捏着一把汗。

王吉文两眼紧盯着马立训趴下的地方，沉默不语，静待奇迹出现。忽然，他高兴的叫声穿透凝固的空气："冲上去啦！冲上去啦！"

没等大家反应过来，就听天崩地裂的一声炸响，伪县政府高楼下面升腾起滚滚浓烟。由于高楼修在2米多高的土坎上，虽然未被直接炸塌，但守敌却被这猛烈的爆炸声吓得魂飞魄散，八路军借着硝烟掩护冲进了炮楼。

日军指挥官石川握着两颗手榴弹妄图顽抗，被当场击毙。伪县长李香亭、汉奸队长孔运谦等200多人全部被俘。

荣子恒在其司令部文庙被攻占以后，带着他的副军长、师长等百余人退守东门城楼。此时，他看大势已去，全军覆灭的下场已无可挽回，便急忙弄来一根绳子，拴在城楼上，趁黑夜从城楼上溜了下来，妄图逃窜。没想到，3营官兵警惕的眼睛和黑洞洞的枪口，早在城下等着他了。他溜下城楼，没跑多远就被击毙了。很快，南门守敌也被全歼。

随即，日伪军驻扎在故县杨家庄的2个主力团，在山东军区强大的军事和政治攻势下，也都乖乖地缴械投降了。

历时26个小时的激战，胜利攻克泗水县城。击毙伪军长荣子恒、副军长陈镇潘、参谋长朱洪及第1师副师长朱级动以下122人，俘虏第1师师长苏富玉以下1600余人。

泗水城解放了！泗水城回到了人民的手里！

泗水城是鲁南解放的第一座县城。2月11日，山东军区首长罗荣桓、黎玉、萧华通令嘉奖参战部队，指出："泗水城的克复，为我创造了打击敌人、扩大根据地的极其有利的条件，鲁南、鲁中部队均有崇高功绩。"

马立训在克复泗水城的战斗中又立下了汗马功劳，为夺取胜利发挥了重要作用。

2月13日，是中国传统农历鸡年春节。

泗水城的解放给传统的节日增添了喜庆。人民群众敲锣打鼓，庆祝胜利，准备过年。

为了让群众欢欢乐乐地过个胜利年，山东军区首长决定，缴获的粮食除为部队留下部分给养外，其余就地分给当地群众。消息传开，远近老百姓扶老携幼，带着口袋、篮子，络绎不绝地赶来泗水城领粮。

整整一天一夜，泗水城内人山人海，川流不息。人民群众兴高采烈，喜上心头，赞不绝口地称颂共产党、八路军。

荣子恒卖国求荣，饮弹丧命。李香亭认贼作父，终成俘虏。鲁南军民无不拍手称快，有秧歌调唱得好——

李香亭啊真无能，

东边请来荣子恒。

荣氏更是草包精，

见了八路撒腿行。

荣氏本是大坏蛋，

认贼作父当汉奸。

费县捡了一条命，

泗水城里他完蛋。

壮烈牺牲

1945 年夏，鲁南地区的日伪顽反动势力在八路军和地方武装的沉重打击下，龟缩在津浦路沿线的几个城市和铁路两侧几个较大的据点内负隅顽抗。其中，对八路军危害最大的是驻扎在滕县（今滕州市）阎村的申宪武部。

滕县是著名古城，秦朝就置滕州了，历史悠久，人杰地灵，是墨子、鲁班、毛遂等文化名人的故里。由于地处南北交通要道，有九省通衢之称，自古为兵家必争之地。

出滕县城西7公里，就是被誉为"滕县西大门"的阎村，也称后阎村。村子周围是一片平原，西有微山湖和运河，东是津浦铁路及日伪军据点。申宪武部盘踞阎村后，强征民夫，在村外筑起周长3200米、高5米、宽3米的围墙。围墙顶端筑有女墙和垛口，四角筑有两层炮楼，设东、西、北3个门，门口筑有门堡，出入均用吊桥。

围墙下间隔40米筑一暗堡，与四角炮楼构成交叉火力网。围墙底下挖有散兵坑，围墙外绕墙开挖了2条宽12米、深5米的壕沟，灌满河水，两壕相距15米，完全在他们的火力和手榴弹射程范围内。沟外各设鹿寨一道，并布有土地雷。村南小黑河两岸陡峭壁立，时值夏秋季节，山洪暴发，河水深又急，环境十分险恶。村内大街小巷，地堡、工事随处可见，还有制造手榴弹和土地雷的兵工厂一处。

盘踞在阎村的申宪武是滕县于岗村人，曾任国民党山东省第1行政区督察专员、顽军保安第

2师师长，是鲁南地区有名的顽匪。自恃有坚固工事，有3300余兵力，在滕县地区为所欲为，多次袭击抗日武装，残杀共产党人，恶贯满盈，罄竹难书。

为保证抗日战争的最后胜利，鲁南军区决定发起阎村战役，坚决消灭危害人民的申宪武部，救民众于水火之中，也为对日军实行全面反攻扫清障碍、创造条件。

鲁南军区作出了具体的战斗部署：第1军分区3团为主攻，其第1营由西南角攻击，第3营由东南角攻击，第2营在西北担任警戒任务并阻击逃跑之敌；第2军分区所属部队由北面佯攻，鲁南军区特务营为机动部队，5团2营在大彦设伏，阻击滕县城增援之敌。

此次阎村战役，马立训所在的3团是主攻团，所在的1营是两个主攻营之一。作为主攻1营以爆破攻坚见长的1连2排排长，他又把全营最重要的爆破任务抢到了手，时刻准备当"开路先锋"。

经过充分准备，鲁南军区各参战部队在军区

司令员张光中、政治委员王麓水的亲自指挥下，长途奔袭，于8月3日20时突然包围了阎村，并于次日凌晨3时发起了攻击。

3团1营和3营在夜幕掩护下率先发起进攻，马立训带领爆破组将第一道壕沟外的地堡炸开，随即迅速占领。

3营爆破组在战斗英雄丁英昌、战斗模范李贵清的带领下，跃入壕沟，准备炸毁炮楼。但因壕沟壁陡高且滑，加之防守严密，只好撤回。

与此同时，第2军分区部队在北门以强大的攻势向顽敌佯攻。10时许，3营10连实施架云梯攻击，三四人攻上围墙。由于守敌火力封锁严密，后续部队无法跟上，致使第一次攻击失利。

5日傍晚，3团1营和3营及第2军分区主力部队发起了第二次强攻。

18时，3营9连架梯强登。经半小时搏斗，突上围墙10余人，后续部队未能跟上。守敌疯狂反扑，拼杀20分钟，9连连长以下10余人全部壮烈牺牲。

20时，1营1连1排组织爆破，第一次炸药包未响，第二次炸药包仅炸墙根未起到破坏作用，第三次终于爆破成功。3排8班随即发起攻击，刚登上围墙就被守敌一炮打下。

攻击又告失利。

马立训临危受命，带领爆破组踏着泥水，冒着守敌的枪林弹雨，终于把炮楼炸开一道豁口，随即他带领战友们向炸开的豁口冲了过去，突然被守敌的子弹射中胸部，倒在了血泊之中。

张营长闻讯，跑步赶到现场。

月光下，失血过多的马立训脸色苍白，鲜血浸透了军装。见到营长后，他艰难地用微弱语气说："炮楼炸开的缺口太小，不能冲锋！"话音刚落，就停止了呼吸。

1945年8月5日21时，"甲等战斗英雄"马立训壮烈殉国，年仅25岁。

马立训牺牲的消息一传开，参战部队指战员们悲痛万分。大家怀着对守敌的满腔怒火，纷纷表示要为马立训报仇。

机枪射手杨本文亲眼看着排长牺牲，泪流满面、咬牙切齿地说："我恨不得抱起机枪跳进围子

壮烈殉国英雄归　147

里，跟敌人拼个死活。"

战士陈兆吉说："我发誓要为排长报仇，剿灭这些该死的敌人！"

新参军的战士刘保东冲入敌群中高喊："为排长报仇！"他像出膛的子弹势不可当，一连消灭五六个拒不放下武器的守敌。

8月10日深夜，鲁南军区各攻击部队向守敌发起了总攻，以摧枯拉朽之势，攻克了阎村，全歼守敌，活捉了申宪武及其子申怀钦。

是役，共毙、伤申宪武部团长以下官兵638人，俘申宪武以下1852人，击毙日军9人。缴获步枪1529支，短枪70支，轻机枪28挺，迫击炮2门，手炮9门，电台2部。在这场战斗中，鲁南军区也付出了巨大的代价，马立训等100余人英勇牺牲，200余名指战员光荣负伤。

尾声

　　1945年8月5日，马立训在滕县阎村壮烈牺牲。八路军鲁南军区第1军分区第3团为他举行了隆重的追悼大会，沉痛悼念这位战功卓著的"甲等战斗英雄"。

　　《鲁南时报》(中共鲁南区委机关报)刊发了悼念抗日英雄马立训烈士的长篇文章，对他在抗日战争中创造的"偷爆""空爆""飞爆""连环爆"等一系列爆破技术和战术，给予了高度的评价。

　　马立训不愧为山东纵队的"爆破大王"、鲁南军区的"神炮"、老3团的"开路先锋"。至于他用炸药包炸毁了多少据点、炸塌了多少炮楼，至今没有一个准确的统计数字。只知道从他参加八路军到壮烈牺牲的5年战斗生涯里，有3年多的时间身边没离开过炸药包和雷管。他在一次次冲天的硝烟和震天的爆破声中，书写着自己短暂而辉煌的人生。

为了纪念马立训烈士，1945年9月，鲁南军区命名马立训所在排为"马立训排"，阎村为"立训村"，并在全区部队开展了"马立训式的爆破运动"。

"神炮"如星星之火在八路军部队中迅速燎燃，在对日军全面反攻以及后续的解放战争中，"马立训式"的爆破手不断涌现。到全国解放时，马立训所在的连队先后涌现出近百名战斗英雄，被誉为"人民英雄连"。

新中国成立后，山东人民通过各种形式缅怀马立训烈士，纪念马立训烈士建立的丰功伟绩。

在鲁南人民抗日武装起义纪念馆内，中共滕州市委、市政府专门为马立训烈士建造了碑亭，供滕州市民瞻仰。

滕州市革命烈士陵园庄严肃穆，革命烈士纪念堂第一展厅有介绍阎村战斗的专题展板，上面有马立训的大幅照片。马立训头戴军帽，手提步枪，目光坚毅，格外引人注目。

江苏响水诗人顾从林深情作诗《七律·英雄谱之马立训》："洪山血债满胸膛，招募当兵杀虎狼。朱岳炸开三堡垒，孙徐拔掉四碉墙。匪倭悬赏捉神炮，战友尊崇称大王。飞弹不知偏两点，赔吾壮士命还阳。"

著名诗人乔延年激情赋诗《七绝·马立训》："常摧倭垒化沙烟，爆破英雄术未阑。虽已牺牲魂不朽，成图感我欲潸然。"

2009年，为庆祝中华人民共和国成立60周年，中宣部等11个部门联合组织开展评选"100位为新中国成立作出突出贡献的英雄模范人物和100位新中国成立以来感动中国人物"活动，马立训入选"100位为新中国成立作出突出贡献的英雄模范人物"。

2009年，中共淄川区委、区政府投资，对淄川革命历史纪念馆进行扩建，在二楼专门设立了马立训烈士展室，有历史图片、影像资料等，生动记录了英雄短暂而辉煌的一生。

2010年4月5日，在6000多名社会各界群众参加的山东省淄博市淄川区悼念革命烈士大会上，"甲等战斗英雄"马立训铜像在淄川革命烈士陵园落成。

2011年6月21日，罗村镇举行马立训烈士牺牲66周年大会时，中共淄川区委常委有关领导说，马立训烈士的事迹感人肺腑、催人泪下，烈士的精神鼓舞人心，催人奋进。

2014年9月1日，马立训被列入民政部公布的第一批300名著名抗日英烈和英雄群体名录。

清明折柳缅英烈，擎旗自有后来人。

2006年，浙江省舟山市普陀山。坐落梵音洞畔的海防第17团团史馆开馆，馆内共收录了团队成立以来的370余幅图片和5万多文字资料，翔实记录了团队诞生以来，历经抗日战争、解放战争和社会主义和平建设时期的光辉历史。

海防第17团的前身正是马立训烈士生前的"娘家"——山东纵队老3团，这是一支敢打敢拼、战功卓著的英雄部队。"马立训排"第五十六任排长吴金阳对参观团史馆的嘉宾说，马立训不仅是他们排的骄傲，更是每名军人学习的榜样。

海防第17团地处东海前哨的舟山警备区，

马立训的英雄事迹是他们培育"有灵魂、有本事、有血性、有品德"新一代革命军人的重要教材。

在 2017 年新一轮军改中，舟山警备区所属各部在整编后改编为东部战区海防某旅。他们在开展"四有"军人、强化战斗精神的教育中，充分利用自身丰富的传统资源优势，把部队的辉煌历史作为生动教材。他们以歌曲、小品、戏曲等形式再现部队的战斗历程；把部队典型战例汇编成《光辉战例 100 例》，组织官兵认真学习。基层营连还广泛开展"讲战斗故事、励战斗精神""讲光辉战例、话军人使命"的演讲比赛，强化官兵敢打必胜的英雄气概。他们还将马立训烈士的事迹编成故事广泛传播，鼓舞士气，并通过大讲军人使命、宣传训练典型、高唱军旅歌曲、开展比武竞赛等多种途径，把战斗精神教育融入战备训练、部队管理的方方面面，激发了官兵的训练热情，促进了部队全面建设，被上级评为先进单位。

后　记

　　书稿收笔之时恰好 8 月 5 日。

　　这是一个值得缅怀又让人伤感的日子。78 年前的今天，"甲等战斗英雄"马立训在阎村战斗中壮烈牺牲。

　　14 年抗战已胜利在握，庆祝胜利的礼炮即将鸣响。然而，我们的抗日英雄马立训却倒下了，倒在了抗战胜利即将到来的喜庆时刻，令人唏嘘。无数革命烈士前仆后继，抛头颅洒热血，正是为了我们今天的幸福生活。

　　如今，战火已熄，硝烟散尽，英雄永逝。我们生活在国泰民安的幸福之中，不应忘记为建立新中国浴血奋战的英雄们。英雄的故事永远不会结束。让我们用英雄的事迹唤醒心中的激情，为中华民族的伟大复兴而踔厉奋斗。

　　由于马立训烈士参军时间较短，牺牲较早，

在相当长的一段时间里，这位赫赫有名的战斗英雄只是淄川革命烈士陵园烈士墙上的一个名字。这是历史的遗憾，也是我们编写此书的动因。

在编写本书的过程中，得到了军事科学院军队政治工作研究院领导和专家的精心指导、大力支持。康月田、岳思平、李博、褚银等多位专家学者对本书进行了计真的审读，提出了宝贵的意见，我们深表谢意。

主要参考文献有：《山东抗战大纪实》（刘干才、李奎编著／团结出版社），《100位为新中国成立作出突出贡献的英雄模范人物：马立训》（于元编著／吉林出版集团·吉林文史出版社），《王芳回忆录》（王芳著／浙江人民出版社），《平邑县志》（山东省平邑县志编纂委员会编／齐鲁书社），《费县志》（费县志编纂委员会编／中国广播电视出版社），《沂蒙革命根据地志》（临沂市地方史志办公室编／中华书局），黎玉《临费边反"扫荡"战役的总结》（《军事史料》2016年第4期），刘春等亲历者及其子女的相关回忆文章。在此，谨向上述文献的作者、编辑致以真诚感谢。

图书在版编目（CIP）数据

马立训 / 军事科学院解放军党史军史研究中心编.
北京 ： 学习出版社，2025. 6. -- （中华先烈人物故事汇）
. -- ISBN 978-7-5147-1369-5

Ⅰ. K825.2

中国国家版本馆 CIP 数据核字第 2025MZ2049 号

马立训
MA LIXUN

军事科学院解放军党史军史研究中心

责任编辑：李　琳	封面绘画：刘书移
技术编辑：胡　啸	内文插图：韩新维
美术编辑：杨　洪	装帧设计：楠竹文化

出版发行：学习出版社
　　　　　北京市东城区崇外大街11号新成文化大厦B座11层
　　　　　（100062）
　　　　　010-66063020　010-66061634　010-66061646
网　　址：http://www.xuexiph.cn
经　　销：新华书店
印　　刷：北京联兴盛业印刷股份有限公司

开　　本：787毫米×1092毫米　1/32
印　　张：5.125
字　　数：66千字
版次印次：2025年6月第1版　2025年6月第1次印刷

书　　号：ISBN 978-7-5147-1369-5
定　　价：22.00元

如有印装错误请与本社联系调换，电话：010-66064915